FIGURES DU SAVOIR

*Collection
dirigée
par
Richard Zrehen*

RICHARD BEARDSWORTH

NIETZSCHE

LES BELLES LETTRES

1997

© *1997, Société d'édition Les Belles Lettres,
95 bd Raspail 75006 Paris.*

ISBN : 2-251-76001-6

Pour Nicolas et Thomas

Les grandes dates

1844 :   naissance de Friedrich Wilhelm Nietzsche à Rüeben dans la Saxe prussienne.

1869 :   il est nommé, à l'âge de vingt-quatre ans, professeur extraordinaire de philologie classique à l'université de Bâle.

1872 :   publication de *La Naissance de la tragédie à partir de l'esprit de la musique.*

1878-9 :   publication d'*Humain, trop humain. Un livre pour esprits libres.*

1883-4 :   publication d'*Ainsi parlait Zarathoustra. Un livre pour tous et pour personne.*

1888 :   publication de *La Généalogie de la morale.*

1889 :   le 13 janvier, Nietzsche s'écroule sur la piazza Carlo Alberto à Turin. Il est amené à la clinique psychiatrique de Bâle et passe le reste de ses jours chez sa mère puis chez sa sœur.

1900 :   il meurt le 25 août à Weimar.

1901 :   publication du faux-livre *La Volonté de puissance (Der Wille zur Macht).*

Introduction

Luttes nouvelles. — Après la mort de Bouddha,
l'on montra encore pendant des siècles son ombre
dans une caverne — une ombre énorme et épouvan-
table. Dieu est mort : mais à la façon dont sont faits
les hommes, il y aura peut-être encore pendant des
milliers d'années des cavernes où l'on montrera son
ombre. Et nous — il nous faut encore vaincre son
ombre ![1]

Cette phrase n'est ni la plus connue ni la plus
citée de celles de Nietzsche qui annoncent la mort de
Dieu comme fait primordial de l'époque moderne.
Peut-être serait-elle, pourtant, la plus subtile et la plus

---

1. *Le gai savoir*, §108, dans *Friedrich Nietzsche : Œuvres,*
édition dirigée par J. Lacoste et J. Le Rider, Editions Robert
Laffont, 1993, tome 2, p. 121. On se servira de cette édition au
cours de ce livre, apportant des modifications aux traductions si
besoin est, par souci de commodité : elle regroupe les œuvres de
Nietzsche en deux tomes. La grande édition établie par Giorgio
Colli et Mazzino Montinari (*Œuvres philosophiques complètes,*
Gallimard, 1974-1989, 14 tomes) est la plus fidèle aux manuscrits originaux.

parlante en ce qui concerne *notre* époque et le retour du religieux qui la marque. Comprendre la philosophie de Nietzsche — non pas simplement son contenu (son ambition thématique), mais sa logique, son orientation et son horizon : c'est-à-dire comment son œuvre « fonctionne » — n'est pas seulement pour nous une affaire de lecture (par intérêt général, scolaire, pédagogique ou autre), mais bien plutôt un travail de réflexion sur nous-mêmes, nos cultures et nos avenirs. Le pressentiment chez Nietzsche que Dieu est mort, mais qu'il reste vivant comme ombre, que, donc, la lutte à venir (l'avenir même) consiste en le travail de deuil de cette ombre, s'adresse directement à nous.

Car après un siècle et demi de luttes idéologiques d'un ordre social et politique, ce qui nous caractérise aujourd'hui est, peut-être, avant tout notre surprise, et notre peur, devant la façon dont « Dieu » a réémergé de derrière ces luttes pour reprendre au niveau mondial le devant de la scène. Ce n'est pas le même Dieu auquel Nietzsche s'en prenait à son époque (son Dieu était, entre autres choses, beaucoup moins « technicisé ») ; il supplée pourtant aux mêmes besoins (comme on le verra ces besoins ont tout à faire néanmoins avec notre rapport à la technique). C'est dans ce sens qu'en parlant de l'ombre de Dieu, Nietzsche nous parle de notre *enfance*, c'est-à-dire de notre passé (pourquoi sommes-nous si réfractaires à la mort de Dieu, quels sont à cet égard nos désirs, si anciens, d'identité et de sens ?), mais aussi, dans le sens inverse, de nos avenirs (les générations à venir, nos enfants et leurs enfants à eux). Voilà pourquoi une compréhension de la déclaration de Nietzsche que Dieu est mort, mais que son ombre nous hantera, peut-être, pour des milliers d'années, de sa signification ainsi que de ses enjeux, exige une exposition de la philosophie de Nietzsche dans son ensemble. Au cours de cette exposition, on saisira pourquoi et comment cette philosophie parle, dans sa joie et dans sa douleur, de nos deuils et de notre avenir à nous. Comme on le verra, cette compréhension a affaire à la question du temps et à la manière dont nous « digérons » notre temporalité.

Protocole de lecture

Avant de passer à quelques détails biographiques, pour introduire l'argument du livre, donnons quelques indices de la manière dont nous lirons l'œuvre de Nietzsche. L'ordre de notre présentation de sa philosophie, la suite des chapitres et le fil de leur raisonnement, se donne pour tâche quatre choses :

1) suivre la « logique » de la pensée nietzschéenne dans l'optique de sa déclaration de la mort de Dieu, de ce que cette mort signifie et exige comme travail philosophique, et de ce qu'elle demande pour « penser » une culture qui affirme une vie *sans* Dieu ;

2) démarquer, néanmoins, au sein de cette logique ce que nous appellerons une « ambiguïté » ou une « ambivalence » en ce qui concerne la réponse nietzschéenne à cette mort. Dans cette présentation de la philosophie de Nietzsche nous croyons qu'il importe de montrer comment son *diagnostic* de la mort de Dieu se scinde en deux — en un *pronostic* qui découle de manière immanente du diagnostic lui-même, et dont les termes sont on ne peut plus intéressants pour nous aujourd'hui, et en une *prescription* de ce qui devrait avoir lieu, qui peut mener à la pire des solutions qu'on apporte à ce diagnostic, à savoir une philosophie de la volonté dont le geste est proto-fasciste ;

3) organiser cette « ambiguïté » (si difficile, mais si incontournable pour tout esprit libre) de manière à

montrer l'inséparabilité dans le texte nietzschéen de ces deux versants, de mettre au jour sa raison d'être et d'indiquer par là même, et suivant le côté le plus intéressant de la pensée nietzschéenne, comment cette ambiguïté peut se résoudre pour donner une réponse, précisément, à son côté prescriptif. C'est l'organisation de cette ambiguïté en réponse à la mort de Dieu, ainsi que la manière dont, de son intérieur, elle peut être surmontée qui dévoilent, nous le suggérons, toute l'importance de Nietzsche pour nous aujourd'hui ;

4) présenter donc la philosophie de Nietzsche en restant fidèle aux mouvements contraires, voire contradictoires de son texte, tout en orientant *à travers* ses contradictions notre lecture vers sa dynamique la plus intéressante. On verra que cette dynamique inscrit le deuil de Dieu dans une pensée du temps qui s'avère être, au niveau diagnostic *et* pronostic, une pensée de l'affect et de la technique, c'est-à-dire une pensée des *forces*.

Le philosophe Nietzsche persista toujours à séparer l'œuvre de son auteur, montrant la façon dont tout acte excède, de par sa nature même, les intentions de son auteur ou de son « sujet ». Notre protocole de lecture en prend acte, restant fidèle aux mouvements du texte, tout en situant une complexité de pensée à laquelle Nietzsche était certes le plus sensible, mais dont il n'a pas pu élaborer la logique : cette complexité est sa pensée même. Cela dit, il y a aussi une coïncidence entre la progression de la philosophie nietzschéenne et celle de la vie de Nietzsche qui appelle, plus que chez d'autres philosophes, un regard sur sa vie.

Friedrich Nietzsche : sa vie et ses œuvres

Friedrich Wilhelm Nietzsche est né en 1844 à Rüeben, près de Lützen, dans la Saxe prussienne. Ses parents, de première et de deuxième génération, sont tous des Luthériens, son père (1813-1849) et son grand-père du coté paternel (1756-1826) étant des pasteurs, et sa mère, né Franzisca Oehler (1826-1897), venant elle-même d'une autre famille de pasteurs. Nietzsche perd son père, mort d'un amortissement cérébral, à l'âge de cinq ans et vit son enfance entouré de femmes (sa mère, sa famille maternelle et sa sœur) jusqu'à son admission, à l'âge de quatorze ans, doté d'une bourse, au collège de Pforta, un établissement de haut niveau fondé sur l'étude d'auteurs classiques et sur l'éducation religieuse. Il y restera pendant six ans jusqu'en 1864.

En 1864 il commence des études de théologie et de philologie classique à l'université de Bonn, abandonnant vite les premières pour se consacrer exclusivement à des études philologiques, suivant surtout les cours du philologue F. W. Ritschl (1806-1876). Pieux comme ses aïeux pendant ses premières années, Nietzsche subira cet infléchissement d'orientation à l'université comme la perte de son enfance. C'est à cette époque qu'il s'engoue pour la musique de Richard Wagner (1813-1883). *Les Maîtres chanteurs* sont la première œuvre de Wagner à la représentation de laquelle il assiste en 1868) ainsi que pour la philosophie d'Arthur Schopenhauer (1788-1860) il découvre *Le Monde comme volonté et représentation*, grande œuvre romantique de négation et de résignation, en 1865). C'est en partie grâce à cette œuvre de Schopenhauer qu'il s'intéresse de plus en plus à la philosophie, mariant sa formation et son tempérament philologiques (un tempérament qui marquera, ultérieurement, toute son œuvre) à un intérêt profond, et de longue date, pour la culture grecque. Des textes sur les poètes grecs Theognis de Mégare et Homère, ensuite sur des philosophes présocratiques tels que Démocrite et Diogène Laerce en seront le fruit.

Ce travail de réflexion, de nature à la fois philologique, culturel et philosophique, aboutira au premier livre célèbre de Nietzsche *La Naissance de la tragédie à partir de l'esprit de la musique* qui paraît en 1872, texte fortement marqué par l'importance qu'ont assumé dans cette réflexion la philosophie de Schopenhauer et la musique de Wagner. Avant même la renommée controversée que lui apporte *La Naissance* dans le milieu de la philologie, Nietzsche est nommé en 1869, à l'âge de vingt-quatre ans, professeur extraordinaire de philologie classique à l'université de Bâle et au lycée du canton en Suisse. C'est entre les années 1869 et 1874 qu'une amitié très forte se noue entre le jeune Nietzsche et son aîné de vingt ans Richard Wagner, amitié à maints égards inégale, dont la structure psychique, en ce qui concerne Nietzsche au moins, est à situer dans la perte précoce de son père et celle, adolescent, de sa foi. Au cours de ces années Nietzsche rédige, à part *La Naissance de la tragédie*, trois dissertations à propos polémique sur le théologien David Strauss (1808-1874), Schopenhauer et Wagner ainsi qu'un essai, de thème plus large, sur les rapports entre l'histoire, la philosophie et la vie, portant le titre général *Considérations inactuelles* (1873-1876). Ces textes témoignent tous de la visée culturelle de la réflexion nietzschéenne.

Or, pendant la rédaction de ce livre a lieu un ensemble d'événements qui aboutit à la première crise dans la vie de Nietzsche. Il faut prendre ici le mot « crise » aussi bien dans le sens grec de « décision » *(krinein)* que dans le sens d'un changement médical en bien ou en mal (nous parlerons plus tard de « passage énergétique » quand il s'agira de la même chose *dans* l'œuvre de Nietzsche). Depuis quelque temps l'amitié que Nietzsche a nouée avec Wagner et sa femme Cosima se dégrade, dégradation qui exacerbe des maux de tête et des yeux dont souffre Nietzsche depuis son adolescence. Dès 1873, ses maux s'accompagnent de tant d'accès de vomissements qu'on lui conseille d'arrêter de lire et d'écrire. Ce n'est, pourtant, qu'en 1876 que sa maladie (le terme « maladie » est peu approprié si on tient compte de la nature autant psychique que physique de sa condition) l'oblige à renoncer à l'enseignement à l'université de Bâle et au lycée.

A partir de cette année Nietzsche n'a plus de vie active ni institutionnelle, passant son temps continuellement « malade » à se déplacer entre l'Allemagne, la Suisse, l'Italie et Nice, lisant et écrivant aux moments de trêve que lui accordent ses maux et ses douleurs. Au début de cette période, se détachant de Wagner et de l'influence de Schopenhauer, il met sur papier des réflexions en forme de fragments (ou d'« aphorismes » pour reprendre son mot) qui mèneront, entre 1878 et 1882, à sa grande « trilogie pour esprits libres » *Humain, trop humain. Un livre pour esprits libres* (première partie 1878, deuxième partie « Le voyageur et son ombre », 1879), *Aurore. Réflexions sur les préjugés moraux* (1881) et *Le Gai savoir* (1882).

Ces livres, d'une immense portée philosophique, entament une aventure de pensée qu'on définira plus tard comme « la destruction de la métaphysique » : on en fera grand cas aux Chapitres Un et Deux. C'est à cette destruction que répond l'œuvre, certes, la plus connue de Nietzsche *Ainsi parlait Zarathoustra. Un livre pour tous et pour personne* (1883-1884), commencée dans la deuxième partie de 1881). Ce livre, avec ses thèmes de l'« Éternel retour du même », de l'*Amor fati* (l'« Amour du destin »), du

« Surhomme » et de la « Volonté de puissance »,
annonce en parabole une suite de réévaluations de la
pensée métaphysique qui transforment le diagnostic
de la culture moderne, tel qu'il a été élaboré dans la
trilogie, en une recommandation sur la manière dont
il faut en sortir.

A l'époque même de la rédaction du premier livre
de ce texte (nous pensons que ce n'est pas par
hasard), il demande en mariage la Russe Lou von
Salomé (1861-1937), plus tard l'amante du poète allemand Rainer Maria Rilke et l'amie du fondateur de la
psychanalyse, Sigmund Freud.[2] Cette demande sera
refusée, refus qui confirmera, sans l'expliquer pour
autant, l'orientation de plus en plus « solitaire » et
« inactuelle » de la vie philosophique de Nietzsche.
Dans un sens, *Zarathoustra*, si riche et complexe,
marque la deuxième « crise » dans la vie de
Nietzsche, après quoi il poursuit l'horizon ouvert par
cette œuvre dans *Par-delà bien et mal* (1885-6), *La
Généalogie de la morale* (1888), *Le Cas Wagner*
(1888), *Le Crépuscule des dieux ou Comment philosopher au marteau* (1888) et *L'Antéchrist* (1888,
publié en 1895). Le texte sur lequel nous nous focali-
serons le plus sera *La Généalogie,* œuvre que nous
lirons en rapport, d'un côté, avec la trilogie et, de
l'autre, avec *Zarathoustra*.

Au cours de l'année 1888, Nietzsche donne de
plus en plus signe du péril de la folie, se trouvant sur
une voie à l'égard de laquelle il s'est toujours senti
disposé, et contre laquelle ses maux constants ainsi

---

2. Il y aurait maintes choses à dire sur les rapports entre
l'orientation de la philosophie nietzschéenne au cours de la
rédaction de *Zarathoustra* et les femmes. C'est un sujet dans
lequel nous n'entrons pas ici, quoique notre analyse des réévaluations de ce texte au troisième chapitre s'inscrive dans une appréciation de son importance.

que ses écrits l'ont défendu, en étant à la fois des symptômes avant-coureurs. Le 13 janvier 1889, Nietzsche s'écroule sur la piazza Carlo Alberto à Turin, s'étant jeté au cou d'une vieille rosse que battait, avec acharnement, le cocher d'un fiacre. Il est amené à la clinique psychiatrique de Bâle ; le diagnostic précise « une paralysie progressive » sans espoir de guérison. Le diagnostic témoigne plutôt de l'état d'ignorance de la médecine du système nerveux à cette époque que de la condition de Nietzsche lui-même. On a parlé depuis de causes syphilitiques (la maladie l'aurait frappé pendant ses années universitaires) : peut-être sa folie est-elle liée aussi, et en profondeur, à quelque chose qui se cache derrière la maladie et la mort de son père, disparu quand Nietzsche avait cinq ans, quelque chose qu'il a héritée au niveau psychique.

Quoi qu'il en soit, notre propre analyse de l'« ambiguïté » nietzschéenne donnera, entre autres interprétations, des perspectives à l'égard de cette folie liées à la psyché de Nietzsche dans son ensemble. De 1890 à 1897 il vit avec sa mère à Naumberg (elle meurt en 1897). Après, il est installé par sa sœur Elisabeth à Weimar, de retour du Paraguay après la la mort de son mari (l'antisémite Bernhard Förster) qui avait essayé d'y fonder une colonie aryenne. Grande opportuniste, Élisabeth För-ster-Nietzsche devient propriétaire des œuvres de Nietzsche en 1896, crée les *Archives* à Weimar et prépare plusieurs éditions de ses œuvres et de ses manuscrits posthumes. C'est elle qui sélectionne et arrange avec l'ancien collaborateur de Nietzsche, Peter Gast, les éditions du faux-livre *La Volonté de puissance. Essai de transvaluation de toutes les valeurs* qu'elle publie en 1901, 1903 et 1906. Elle donne pour l'œuvre même de Nietzsche une sélection éditoriale de fragments posthumes, alors que cette

sélection ne se base que sur un plan développé par
Nietzsche en 1885, pour lequel il a rédigé des fragments jusqu'en 1888, mais auquel il a renoncé pour
écrire un autre projet dont le premier livre est *L'Antéchrist* (nous toucherons à ce sujet au Chapitre 3).

Nietzsche est mort le 25 août 1900. Son texte soi-
disant autobiographique *Ecce Homo* paraît en 1908.

                              * * *

Pour présenter la philosophie de Nietzsche suivant
les termes de notre « protocole de lecture » nous
avons divisé ce livre en quatre chapitres. Nietzsche
traduit la mort de Dieu en une décadence générale de
la culture occidentale dès l'institution du platonisme.
La première partie du Chapitre Un montre ce qu'entend Nietzsche par « la métaphysique », analysant par
là pourquoi cette pensée se constitue, au nom de l'humain, dans une dénégation du temps et dans une
réduction de la complexité des processus de vie. La
deuxième partie du chapitre élabore ensuite les termes
par lesquels Nietzsche « détruit » ces deux gestes
propres à la métaphysique pour dégager la complexité
temporelle des processus de vie qui se trouve des-
sous : c'est ce que nous appellerons suivant Nietzsche
sa méthode « généalogique ». Le Chapitre Un aura
montré que la généalogie nietzschéenne débouche, de
par cette destruction même, sur l'analyse d'un champ
de forces (ce que nous appellerons une analyse
« énergétique », ou « technico-énergétique ») et que
ce champ de forces n'est rien d'autre que le mouvement de la vie dont l'humain est une instance.

Le Chapitre Deux suit cette analyse de près, préci-
sant comment elle offre les termes par lesquels une
sortie hors de la métaphysique apparaît. Le chapitre
montre ensuite que cette sortie reste, néanmoins,

extrêmement ambiguë chez Nietzsche. On verra qu'elle tire *soit* vers une philosophie de *la* force, bien en deçà de la métaphysique qu'il détruit, *soit* vers une analyse de forces et de leurs dispositions, dont l'originalité même se trouve dans son dépassement des oppositions métaphysiques telles que « l'esprit et le corps », « l'intelligence et l'affect », « la pensée et la technique ». Tout en maintenant l'ambiguïté, le chapitre avance l'hypothèse que c'est cette dernière analyse chez Nietzsche qui offre une véritable « éthique » « par-delà bien et mal ».

Le Chapitre Trois confirmera l'hypothèse, analysant comment, en effet, les « réévaluations » de la métaphysique (l'« Éternel retour du même », le « Surhomme » et la « Volonté de puissance ») traduisent en termes du devenir du temps les forces dégagées de derrière la métaphysique. On aura vu au cours de ce chapitre, et suite aux thèmes du deuxième chapitre, que cette éthique nietzschéenne présuppose, néanmoins, un vrai travail (un travail de deuil) sur notre finitude. Il sera devenu clair aussi que Nietzsche retombe toujours dans une philosophie de la force dès qu'il résiste à ce travail.

Le Chapitre Quatre met ensemble l'analyse la plus complexe du champ de forces avec cette éthique du temps. Ce faisant il suggère que, là où Nietzsche serait le plus intéressant, ce serait dans une réflexion philosophique historique et de notre « affectivité » et de notre « technicité » ; et qu'une telle réflexion débouche sur une pratique éthique et politique de notre finitude au nom de l'avenir. L'ambiguïté nietzschéenne aura donc servi de leçon pour montrer, négativement, la nature du travail à faire, leçon d'autant plus importante que notre époque se définit par une technicisation de plus en plus accélérée du monde, par le retour du religieux et par les spectres du fascisme.

Chapitre 1

Métaphysique et Généalogie

1.1. La métaphysique est une violence faite à la vie

Un paragraphe connu du *Crépuscule des idoles* (1888) « Comment le « monde vrai » devint une fable. Histoire d'une erreur » expose de façon condensée et ironique ce que Nietzsche, contre tous ceux qui l'ont précédé, entend par « métaphysique » : non pas simplement qu'il y a un au-delà du sensible, du donné, commun aux philosophes et aux religieux, mais l'idée même que ce qui rend ce sensible, ce donné, intelligible en tant que tel, en est distinct, est au-delà de lui. En voici la première partie :

> 1. Le monde vrai, accessible au sage, au religieux, au vertueux — il vit en lui, il est lui-même ce monde.
> (La forme la plus ancienne de l'idée, relativement intelligente, simple, convaincante. Périphrase de la proposition : « Moi, Platon, je suis la vérité. »)
> 2. Le monde vrai, inaccessible pour le moment, mais promis au sage, au religieux, au vertueux (« au pécheur qui fait pénitence »).

(Progrès de l'idée : elle devient plus fine, plus insidieuse, plus insaisissable, — *elle devient femme,* elle devient chrétienne...)

3. Le « monde vrai », inaccessible, indémontrable, que l'on ne peut pas promettre, mais qui, même s'il n'est qu'imaginé, est consolation, obligation, impératif.

(L'ancien soleil au fond, mais obscurci par le brouillard et le doute ; l'idée devenue sublime, pâle, nordique, königsbergienne[1].) »[2]

Chaque paragraphe semble caractériser un stade important de la « métaphysique », important en ce qu'elle y révélerait sa nature : son instauration, avec Platon, son déploiement culturel dans le christianisme, l'un de ses derniers avatars systématiques, enfin, dans la philosophie kantienne. Plusieurs stades, un même geste, double et terrible, selon Nietzsche : la « métaphysique » consiste en la scission de la *vie* en deux mondes, l'un valorisé, monde « vrai », l'autre dévalorisé, monde « faux » ou « illusoire », « au-delà ». — Parvenir à ce constat, en être attristé et s'y tenir sans perspective, par défaut de nouveaux idéaux, c'est le propre du nihilisme moderne. On y reviendra.

Cette valorisation/dévalorisation serait la marque de la pensée métaphysique : réponse ordonnée à l'effroi que le monde des sens, multiple et complexe, provoque, le partage du continu de la vie en deux mondes séparés, serait une défense, l'expression d'un désir d'ordre. La métaphysique se constituerait dans le geste qui, à chaque époque, cherche à rabattre la multiplicité et la complexité du monde des sens sur *de* l'unité et *de* la durée. Avant de voir comment ce rabattement se produit, précisons d'abord les implica-

---

1. Allusion au philosophe allemand Emmanuel Kant (1724-1804), qui, de sa vie, ne quitta jamais sa ville natale Königsberg.
2. *Le crépuscule des idoles*, Robert Laffont, tome 2, p. 967.

tions de cette analyse « psychologique » de l'origine de la métaphysique.

Premièrement, au cœur de sa logique, la pensée métaphysique serait toujours plus qu'une réflexion, plus qu'une philosophie dont les intérêts resteraient internes au système qu'elle a élaboré et/ou à son fonctionnement : elle serait désir. Pour Nietzsche, en effet, la pensée en apparence la plus pure n'est pas seulement signification, proposition ou poème : elle est « chargée » en énergie psychique, elle est « affectée ». — L'affect qui traverserait la pensée métaphysique serait, tout simplement, le désir même de ne pas être affecté, de s'abstraire du monde des sens.

Deuxièmement, la métaphysique serait, du début jusqu'à la fin, inscrite *dans le monde*, aussi abstraits, désintéressés ou désincarnés que soient ses concepts et ses orientations. Quand elle croirait, chez Platon par exemple, avoir pour pensée, pour but même, autre chose que le monde (« le monde des Idées »), elle n'en resterait pas moins une pensée du monde. Avant même toute distinction méthodique entre domaines philosophiques — ontologie (théorie des êtres), épistémologie (théorie de la connaissance), éthique (théorie de ce qu'il faut faire en réponse à ce qui est) —, elle serait dans son for intérieur une morale, mais portée par un intérêt et par une stratégie, alors que toute morale est, en principe, désintéressée et sans malice. Que ses intérêts soient affichés explicitement, cachés de manière hypocrite ou forclos de façon inconsciente, la métaphysique proposerait des valeurs (nécessairement impures), elle constituerait une interprétation (nécessairement partielle) du monde.

Troisièmement, la nature « morale » de la métaphysique, avant toute éthique donnée, la condamnerait *a priori* à devenir une Culture. Ce qui peut nous fait comprendre pourquoi Nietzsche accorde une si grande place au christianisme dans l'histoire de la métaphysique. Le christianisme constitue la vérité du désir de la métaphysique dans sa contradiction avec elle-même : désireuse de se trouver au delà du désir des sens pour sauver le monde, elle n'en reste pas moins rivée au monde ; et dans ce désir, tout mondain, d'échapper au monde, elle continue à lui donner sens et forme. Et pourtant cette forme même est entraînée par sa propre contradiction pulsionnelle : sa création est la dépréciation totale du monde... C'est pourquoi, finalement, la métaphysique, tout en constituant une histoire, serait nihiliste dès son instauration. L'émergence de la nature illusoire de sa logique serait donc programmée dans son geste d'auto-fondation. Autrement dit, Dieu serait mort en venant au monde, il serait mort-né.

1.2. La métaphysique et ses concepts fondateurs

Abordons maintenant la manière par laquelle, selon Nietzsche, le multiple et le complexe sont rabattus. L'unité et la durée que la « pensée » métaphysique vise, en séparant la vie en deux mondes, prennent forme dans les concepts fondateurs de la philosophie. Ces concepts s'appuient sur un modèle, ou plutôt ils *visent* une *idéalité* qui, ne se trouvant pas dans le monde, en constitue néanmoins le sens, voire la possibilité même, c'est-à-dire nous le rend perceptible et accessible. Depuis les formes (ou les « idées ») de Platon, les « catégories » d'Aristote jusqu'à ce que Kant appelle des « concepts *a priori* d'entendement », la métaphysique cherche systématiquement, *derrière* des événements, des « unités » qui leur donnent être et sens.

Ces concepts directeurs se divisent en plusieurs catégories. Mentionnons-en deux, particulièrement significatifs :

1. Des « universaux » qui nous permettent de reconnaître des événements comme tels, par exemple : l'idée générale de Table derrière toute « table » empiriquement donnée, avec sa forme particulière, son style et la matière dont elle est faite.

2. Plus généralement des concepts qui structurent notre compréhension des événements en tant que tels. Il faut que les événements puissent être saisis comme des unités ou des ensembles pour être des événements (plutôt qu'une suite chaotique de sensations). Il faut ensuite qu'ils soient saisis comme des unités différentes les unes des autres, situés par là dans des rapports stables qui les laissent apparaître sur les axes spatiaux et temporels cohérents (plutôt qu'une suite chaotique de sensations sans rapport). Les concepts les plus connus de cet ordre sont ceux de « substance » et de « sujet », de « quantité » et de « qualité », de « causalité » et de « communauté », de « possibilité » et d' « impossibilité ». Pour qu'on puisse énoncer, par exemple, que le soleil chauffe la pierre, il faut déjà avoir à l'esprit le sentiment que le soleil et la pierre persistent à travers les événements (« substance ») et que l'ordre des événements va dans un sens particulier (c'est le soleil qui « cause » l'échauffement de la pierre).

Ces concepts sont des unités qui organisent le monde pour nous, qui nous le rendent « connaissable ». Pour la pensée métaphysique, ils ne peuvent être déduits : ni du monde ni de l'expérience qui s'y trouve. Dans ce sens, ils ne sont pas empiriques, on les appelle, au moins depuis Kant, « transcendantaux ».

Transcendant l'expérience, ils sont dits en constituer *la possibilité en tant que telle* : nécessaires à l'identification de l'expérience en tant qu'expérience, comme quelque chose qui nous affecte, nous advient et nous transforme, et que nous *reconnaissons comme* quelque chose qui nous affecte, nous advient et nous transforme. Ce n'est pas dire que ces concepts sont échangeables l'un contre l'autre, ou bien qu'ils jouent tous dans le même plan : ici, ils articulent le rapport à l'autre monde, celui des pures essences auquel le métaphysicien aspire (Platon, l'une des sources les plus importantes des valeurs du christianisme) ; là, ils ont une objectivité dont la validité est restreinte expressément à ce monde-ci, quitte autrement à provoquer la désorientation morale (Kant qui précise en début de l'époque moderne que, faute de cette restriction, on tombe dans l'enthousiasme « mystique »[3]). Mais, quelle que soit la modalité particulière des concepts, le trait qui caractérise la métaphysique dans son ensemble est qu'elle pose les événements comme devant être compris en référence à des unités durables qui les précèdent et qui, en quelque sorte, les commandent.

Revenons au texte de Nietzsche cité plus haut : on peut maintenant conclure que, pour lui, ces unités sont des filtres, des « schèmes »[4] d'interprétation qui servent à simplifier le complexe mouvant de la vie pour pouvoir la « saisir » et arrêter son sens. La scission en deux « mondes » — ou plus modestement, mais toujours sur l'axe de cette scission, la différence entre l'empirique et le transcendantal — rendrait bien la vie connaissable, mais au prix de la négation de

---

3. Cet enthousiasme consiste, plus précisément, en la croyance à un accès sentimental aux objets dont les concepts n'offrent, a priori, aucune possibilité de connaissance du fait que leurs objets ne se situent ni dans le temps ni dans l'espace : pour Kant, un tel enthousiasme donne la mort à la philosophie. Voir son « D'un ton grand seigneur adopté naguère en philosophie » (1796), trad. L. Guillermit, Vrin, Paris, 1987.

4. Pour Nietzsche, « schématiser » est imposer au monde des formes dans le but de le rendre intelligible et calculable.

son essence : *son devenir même*. Ce geste, qui fait précéder la multiplicité par l'unité et la complexité par la simplicité, structurerait la logique de la métaphysique, elle-même symptôme de la peur devant « l'innocence » du flux du temps. Pour Nietzsche, le nom du plus grand exemple de ce geste est Dieu : comme cause première du monde, comme substance qui persiste à travers tout temps et tout espace. Dieu est donc son adversaire par excellence...

1.3. Comment la pensée métaphysique s'installe

Afin de rendre justice à la vie, dit Nietzsche, il faut détruire la pensée métaphysique. Ce qui veut dire qu'il faut se placer dans le « dos » de ses concepts, tracer comment leur unité est apparue, comment ils ont pris forme. Pour cela, il faut bien comprendre leur mécanisme de fonctionnement. Autrement dit, comment la vie se fait-elle fixer sous ses unités, qu'est-ce qui est en jeu ? Citons-en deux exemples sur lesquels nous reviendrons à plusieurs reprises par la suite. La première est à portée épistémologique, la deuxième à portée éthique.

> Tout le monde connaît le livre du célèbre Cornaro[5] où l'auteur recommande son régime frugal, comme recette d'une vie longue et heureuse — autant que vertueuse. Je suis persuadé qu'aucun livre (la Bible exceptée, bien entendu) n'a jamais fait autant de mal. (...) La raison en est une confusion entre l'effet et la cause. Ce brave Italien voyait dans son régime la cause de sa longévité : tandis que la condition première pour vivre longtemps, l'extraordinaire lenteur dans le métabolisme, la

---

5. 1467-1566 : patricien vénitien, auteur de *Conseils pour vivre longtemps* (1558).

faible consommation étaient en réalité la cause de son régime frugal.[6]

De même que le peuple sépare la foudre de son éclat pour considérer l'éclair comme une action, effet d'un sujet qui s'appelle le foudre, de même la morale populaire [en exigeant de la force qu'elle ne s'exprime pas comme force] sépare aussi la force des effets de la force, comme si derrière l'homme fort, il y avait un substrat neutre qui serait libre de manifester la force ou non. Mais il n'y a point de substrat de ce genre, il n'y a point d'« être » derrière l'action, l'effet et le devenir ; l'« agent » n'a été qu'ajouté à l'action — l'action est tout. Le peuple dédouble en somme l'action quand il fait foudroyer la foudre, c'est l'action d'une action [ein Tun-Tun] : il tient le même événement une fois pour une cause et ensuite encore une fois pour l'effet de cette cause. (...) Quoi d'étonnant si les affects rentrés couvant sous la cendre (...) utilisent cette croyance (...) selon laquelle il est loisible au fort de devenir faible, à l'oiseau de proie de se faire agneau : — on s'arroge ainsi le droit de rendre responsable l'oiseau de proie de ce qu'il est oiseau de proie. (...) Cette espèce d'homme a un besoin de foi en un « sujet » neutre, doué de libre arbitre par un instinct de conservation (...). Le sujet (ou pour parler un langage plus populaire, l'âme) est peut-être resté jusqu'ici le meilleur article de foi sur terre.[7]

L'hyperbole dans les deux passages a de quoi surprendre. Nous reviendrons sur les excès de la destruction nietzschéenne de la métaphysique en fin de

6. *Le crépuscule des idoles*, « Les quatre grandes erreurs », §1, tome 2, p. 976.
7. *La généalogie de la morale*, premier essai, §13, tome 2, pp. 793-4.

chapitre et dans les deux chapitres suivants. Il importe d'abord de montrer clairement ce à quoi Nietzsche s'en prend. Nos deux exemples montrent la même logique à l'œuvre : une scission entre ce qui arrive et ce à qui/à quoi ou bien par qui/par quoi cela arrive, produisant la fiction raisonnable et « populaire » d'un « sujet », en dehors des événements, à qui on en attribue la *responsabilité*. L'opérateur éminent de cette logique est la catégorie de la *causalité* : être responsable de quelque chose implique d'être la cause d'un effet. Selon Nietzsche, c'est cette catégorie, au-dessus de toute autre, qui transpose le réel en connaissance, voire qui est la condition de possibilité des autres concepts fondateurs de la métaphysique. Nietzsche appelle le tort ainsi fait au devenir « la confusion entre la cause et l'effet ».

1.3.1. Le monde selon Cornaro

Prenons dans ce contexte notre premier exemple. Cornaro croit que sa bonne santé est l'effet de son régime, le régime en étant la cause. Une telle attribution de sens (dans les deux acceptions du terme, signification et direction) *organise* les événements « aller bien » et « manger de manière répétitive avec frugalité » en une suite temporelle qui dégage un ordre causal. Plus encore, c'est cet arrangement particulier des événements qui donne forme à ce qui arrive, qui le fait chanter au nom d'une « action » humaine. De là découle la conviction bien humaine (en l'occurrence ce que croit Cornaro, mais aussi, chose cruciale, ce qu'il fait croire aux autres) qu'il existe une *intention* claire, sans équivoque (« vouloir vivre longtemps ») qui appartient à un sujet (Cornaro, et éventuellement ceux qui le lisent) dont le *but* est la longévité et le *moyen* d'y arriver, un régime. Mais,

tout cela serait une illusion provenant du renversement d'ordre d'effet et de cause que le concept de
« causalité » institue par l'apparente simplicité de son
fonctionnement en tant que catégorie. Le terme de
renversement est mal approprié, Nietzsche ayant l'air
de dire que ce n'est que l'ordre des événements qui
est en cause. On le verra, le renversement d'ordre
est plus qu'un renversement, faisant émerger une
complexité historique et individuelle qui dépasse la
catégorie de « causalité » telle qu'elle a fonctionné
jusqu'ici. Dans notre exemple, elle donne un sens
humain à un processus trop fuyant, subtil et complexe
pour se laisser saisir en termes d'« intention », de
« but » et de « moyen ». D'où le véritable danger de
la catégorie « causalité ». Elle rapporte tout à une
notion d'intentionnalité, dissolvant la complexité des
rapports que les événements entretiennent les uns
avec les autres dans une philosophie de « responsabilité » qui, elle-même, rapporte tout à l'homme. La
catégorie « causalité » interdit de saisir, comme
Nietzsche considère *juste* de le faire, l'instance
humaine comme participant des événements dans leur
complexité : elle permet, au contraire — d'où tout
son danger *éthique* ainsi qu'épistémologique — que
cette instance humaine soit prise comme l'agent prin-
cipal, mise au centre de la vie, considérée comme sa
cause finale même. Vouloir chercher une cause
simple à tout événement : ici commence la prétention
humaine à maîtriser le monde, à faire de la vie un
monde humain.

Pour Nietzsche, pourtant, l'idée est venue à Cornaro de faire son régime parce qu'il disposait *déjà*
d'une forte constitution. Dire le contraire serait accorder à Cornaro une volonté qui traverse les événements
comme leur instance directrice, mais cette volonté,
selon Nietzsche — on s'en souviendra plus loin —
n'est qu'un épiphénomène : participant au devenir, y

trouvant son compte, certes, mais qui n'est pas la mesure des autres événements en cours. L'idée de « volonté » ici ne peut advenir à l'esprit[8] qu'*après coup* - une fois que, par force de répétition et donc d'habitude, un rapport *s'est installé* entre le régime et la bonne santé. Cette installation d'un rapport, du fait même qu'elle est portée par le temps, équivaut à une *interprétation* de ce qui arrive : elle n'en est pas la vérité. Le concept de « volonté » peut donc légitimement occuper une place dans une analyse de *ce qui a lieu*. Mais exclusivement si elle est mise à sa « juste » place dans le temps, et non à l'origine des événements dont elle ne serait qu'une partie : la volonté est seulement l'un des effets-événements, elle ne porte aucun privilège ontologique. Autrement dit, pour Nietzsche, le désir métaphysique qui veut fixer et ordonner ce processus sans origine ni fin donne ainsi forme non pas à *la vérité de ce qui a lieu*, mais à une « perspective », elle-même advenue à un moment donné de l'histoire, du temps. On commence à saisir ce que Nietzsche entend par le multiple et le complexe, qu'il appelle souvent, simplement, le « perspectivisme ».

1.3.2. La vie selon le faible

Ce désaveu du devenir, cette simplification des processus de vie, à quoi servent-ils ? C'est ici que nous passerons rapidement au deuxième exemple, à portée explicitement éthique, du *fort* et du *faible*. Celui qui est faible profite du concept de « sujet » — captation/canalisation/stabilisation particulièrement

---

8. Pour Nietzsche l'« esprit » est l'ensemble de l'organisme humain, et non pas, comme pour la métaphysique, ce qui s'oppose au corps : on y reviendra.

intéressante des forces en jeu — par l'instinct d'auto-préservation qui l'habite. Poussé par cet instinct (l'une des forces en jeu, et surtout pas la plus faible...) il produit les notions de « volonté » et de « libre arbitre » (corrélatives en fait de la production du sujet, et pas d'un ordre définitionnel) *avant* les événements auxquels lui et le fort participent, lui faisant croire par conséquent avoir le choix entre un être-fort ou un être-faible. De même qu'on sépare, en toute « bonne foi » logique, la foudre de son éclat, évoquant un sujet « foudre » et son prédicat « éclater », de même on sépare un être humain de ses actes, on l'en rend *responsable*, *libre* d'agir ou d'avoir agi autrement.

Cette séparation constitue le cœur de l'éthique moderne selon laquelle on est *de droit* un sujet libre et autonome, quels que soient ses attributs *de fait* (économiques, sociaux, politiques, religieux, ethniques, sexuels). C'est selon cette séparation entre le droit et le fait que la philosophie de Nietzsche est vite condamnée, au nom du sujet moderne, pour une analyse qui veut que le fort et le faible n'aient d'autres choix que d'agir selon leur « nature ». Elle promettrait par là une philosophie de la force, et au pis le fascisme et le nazisme. Cette lecture n'est pas entièrement injustifiée, mais elle fait un tort à la pensée nietzschéenne, à son tour, si elle se contente de rester à ce stade et à ce niveau d'analyse, ignorant la complexité dans laquelle cette thèse est inscrite. En simplifiant Nietzsche de cette manière, elle simplifie les enjeux en cause, enjeux qui, précisément, pourraient constituer tout l'intérêt de Nietzsche pour nous aujourd'hui. On y revient plus longuement au deuxième chapitre et au dernier : disons ici qu'il paraît un peu réducteur de vouloir faire de cette pensée une cause (!) simple d'effets historiques.

Dans l'optique de nos propos précédents, on dira

plutôt que le sujet moderne forme une prolongation de l'« âme » chrétienne, à considérer comme une abstraction hors du temps en forme de « soi ». Cette abstraction donne l'universalité de l'être humain avant toute inscription événementielle, toute histoire. Quels que soient les « prédicats » dont vous êtes nanti (femme ou homme, pauvre ou riche, noir ou blanc, musulman, chrétien ou juif, etc.), si vous êtes humain (quel « si »...), vous constituez un sujet, jouissant en principe des droits d'une telle « subjectité ». Ces droits découlent de la logique métaphysique qui consiste à renverser le devenir : à mettre le sujet à l'origine des événements plutôt que de le considérer comme un effet, une *perspective*.

Cette perspective, non avouée, risque d'*occulter* les forces en jeu. L'occultation a une fin, elle est une stratégie. Participant aux mouvements des forces, elle théorise au même moment sa propre force comme *droit*, comme ce qui, précisément, relève la force. Nietzsche, lui, entend exposer ce qui relie le concept moderne de sujet à cette stratégie occultante dont il dit que le propos est de faire que le faible l'emporte sur le fort et conserve la vie. Pour lui, on l'a compris, tout n'est que jeu de forces : il n'y a aucune opposition entre la nature et la culture, la force et le droit. Mais le faible, pour résister à la force du fort, doit le priver de son avantage, le rendre inoffensif. Pour ce faire, il neutralise la force du fort en la séparant du fort et en posant ce dernier, extrait de ses actes, comme « sujet » ou « volonté ». La séparation constitue la version moderne éthico-politique de la scission platonicienne en deux mondes, étayée par une psychologie du « péché originel » (quels que soient les événements du monde, *tu* en portes la responsabilité, *tu* en es leur cause). C'est cela l'idée « königsbergienne », l'idée d'un homme rationnel qu'on ne rencontrera jamais en pratique mais qui peut diriger, comme *idée régula-*

trice, nos actions dans le monde[9]. Nous revenons à l'histoire par laquelle nous avons commencé.

A tous les stades de la métaphysique, quelle que soit sa portée (ontologique, épistémologique, éthique ou politique), la vie est proposée à la maîtrise humaine. Prise dans des schémas qui contrecarrent le devenir, la vie se soumet à l'aune d'une évaluation exclusive : celle d'un être vivant parmi d'autres de la même espèce, mais qui décline, qui n'arrive pas à affirmer la vie en tant que telle, et parmi d'autres formes de vie de type différent (l'animal et ses espèces, le végétal et ses espèces, etc.). Cette évaluation n'est pas illégitime en tant que telle (comment une partie de la vie peut-elle être illégitime comme vie ?), mais c'est en ayant la prétention d'être la seule qu'elle le devient et qu'elle fait tort à la vie dans sa complexité, sa multiplicité et son devenir. Le tort consiste en ce que *l'étrange est escamoté au nom du familier*, le nouveau au nom de ce qui a déjà eu lieu. C'est-à-dire que la confusion entre l'effet et la cause, le renversement d'un processus multiple et complexe en sujet et en prédicat, et tous les concepts qui accompagnent cette réorganisation, dénient l'imprévisibilité en quoi consiste le temps. C'est pourquoi la tentative nietzschéenne de destruction de la métaphysique est faite au nom de la reconnaissance, au cœur de la culture humaine, du temps. C'est une thèse, nous espérons le montrer, qui porte loin.

---

9. Emmanuel Kant, « Sur l'expression courante : il se peut que ce soit juste en théorie, mais en pratique cela ne vaut rien » (1793), trad. L. Guillermit, Vrin, Paris, 1967.

2. La généalogie de la métaphysique

> [Pour] triompher de la métaphysique ... un *mouvement rétrograde* est nécessaire : il faut qu'il saisisse dans des représentations [métaphysiques] leur justification historique, et aussi psychologique.[10]

On vient de voir que, pour Nietzsche, la métaphysique se constitue en deux gestes : renversement de la direction du temps, et, par ce renversement même, simplification des processus de vie. Ces deux gestes n'en font qu'un, révélant que la métaphysique est une morale qui dénie sa propre force et fuit devant les forces dont elle fait partie. Il est tentant ici de dire que, pour Nietzsche, la métaphysique constitue la figure d'une pensée « symptomatique ». Or, en langage psychanalytique, un symptôme se révèle être le signe physique d'un affect refoulé. Compromis entre la censure du conscient et le désir inconscient qui veut se décharger, un symptôme maintient l'équilibre actuel entre le conscient et l'inconscient, mais, de ce fait, il risque de rendre le sujet plus souffrant que si ce dernier assumait son désir et rompait l'équilibre. De même, la métaphysique s'avère être une pensée qui dénie ce avec quoi elle est toujours en train de traiter : le temps et la vie. Par là elle sauve l'humanité de l'abîme du hasard, mais quitte à la faire plus souffrir que si l'humanité en assumait la nécessité. Deux questions se posent donc à Nietzsche concernant sa destruction de la métaphysique : 1) Comment faire apparaître cette « dénégation » ? et 2) cette dénégation apparue, qu'est-ce qui advient à sa place ?

On consacrera le reste de ce livre à répondre à ces deux questions.

Pour commencer, il faut de nouveau souligner que, redressant le renversement du temps ainsi que cherchant

---

10. *Aurore.*

les manières de recomplexifier la simplification des processus de vie qu'a amené ce renversement, Nietzsche trouve de manière *immanente* sa façon de faire lever le symptôme métaphysique. Autrement dit, comme nous l'avons suggéré dans notre introduction, c'est précisément de *l'intérieur* du processus qui « détruit » les concepts et les stratégies discursives de la métaphysique qu'une nouvelle manière de pratiquer le temps et la vie (celle qui n'efface pas leur mouvement) se dégage. Nous avons suivi jusqu'ici ce qui était à détruire. Il faut maintenant comprendre les *termes* de cette destruction pour voir ensuite *comment* cette dernière se transpose en « une réévaluation » des valeurs métaphysiques, ce qui fait l'objet de la deuxième partie de ce chapitre. Ce geste est d'autant plus important (surtout pour le lecteur de Nietzsche aujourd'hui) qu'il est *traversé d'ambiguïté*, ramenant Nietzsche à une position philosophique et politique loin en deçà de celle que le geste ébauche. La fin de ce chapitre évoquera brièvement la « syntaxe » de cette ambiguïté ; elle sera reprise, dans son juste contexte, dans les thèses du prochain chapitre, lui-même consacré au mouvement de *transposition* entre la destruction de la métaphysique et sa réévaluation. Abordons premièrement les termes de cette « destruction ».

2.1. De la tragédie grecque à la méthode généalogique

De derrière le dos de la métaphysique le philosophe doit apprendre à philosopher de manière à accueillir le devenir ; il doit être le premier à faire le deuil de Dieu. Dans le premier livre de Nietzsche, *La Naissance de la tragédie* (1872), ce deuil porte le nom de « tragédie ». A cette époque Nietzsche voit l'accueil du devenir dans la tragédie grecque, et il s'en inspire pour penser un avenir « tragique ». A la

« terreur » de l'existence — le devenir sans sens ni justice de la vie toujours en excès sur elle-même, auto-destructrice, et qui rythme le monde des héros — se substituent les formes des masques et de la scène du drame tragique. Cette suppléance nous permet de voir que pour les Grecs d'avant le commencement de la métaphysique (pour Nietzsche, Platon), l'art *justifie* la vie. Donneur de formes *par excellence*, l'art sauve l'homme de l'abîme qui se trouve derrière chaque forme, chaque figure qui constitue le monde *comme* monde dans lequel nous pouvons habiter. C'est pourquoi l'art a un statut ontologique si profond dans la philosophie nietzschéenne : il engendre les conditions dans lesquelles l'humanité peut vivre. C'est cette négociation entre le devenir et la forme que le philosophe Socrate et, après lui, Platon refusent.

La condamnation platonicienne de l'art tragique vient, selon Nietzsche, de ce que Platon y voit « quelque chose de parfaitement déraisonnable, des causes semblant rester sans effets, et des effets dont on ne pouvait discerner les causes », quelque chose prêt à enflammer dangereusement les âmes ardentes et sensibles[11]. Le grief platonicien à l'égard de la tragédie entame la victoire de la pensée métaphysique sur les arts en général : sa stratégie relègue l'art au monde des sens, en faisant une copie, pauvre et confuse, des « idées » intelligibles.[12] La ré-interpréta-

---

11. *Naissance de la tragédie*, §14, tome 1, p. 84.
12. Prolongeant la pensée de Nietzsche ici, si réductrice qu'elle soit en ce qui concerne l'œuvre de Platon lui-même, on pourrait dire que cette victoire structure toute la métaphysique dans son désir constant de faire de l'art un accompagnement des sens et/ou de le soumettre à la morale. Raison majeure du si grand intérêt porté aux arts par les penseurs du vingtième siècle, surtout depuis les années trente : il fait partie de toute tentative de se mettre derrière la tradition métaphysique.

tion nietzschéenne de la tragédie grecque dans *La Naissance de la tragédie* remet le rapport entre l'abîme et la forme au premier plan. Pour les raisons trop externes à notre argument pour être développées ici[13], Nietzsche change de direction au cours des années soixante-dix, se détachant à la fois de son admiration filiale pour Richard Wagner et de la philosophie romantique d'Arthur Schopenhauer. Le détachement concerne à ce stade de sa pensée le statut ontologique de l'art dans la destruction de la métaphysique : plutôt que de combler l'abîme par la forme — termes maintenant trop romantiques et nihilistes, trop humains pour penser l'excès de la vie — *il faut pénétrer cet excès, l'articuler et lui donner un déploiement matériel et historique*. Au cours des années suivantes, Nietzsche commence à appeler cette « articulation » la *généalogie*. Le deuil de la mort de Dieu porte dès cette époque ce nom.

Ce terme de « généalogie » est développé dans la « trilogie pour esprits libres », *Humain, trop humain*, *Aurore*, *Le gai savoir* (1878-1882). Les arguments suivants sont tirés de ces œuvres ainsi que de *La Généalogie de la morale* (1888), texte qui condense l'argument de la trilogie à plusieurs égards et que nous examinerons en détail au prochain chapitre. La signification classique du terme « généalogie » porte sur la recherche de filiations ou sur la science de cette recherche. Il s'agit de remonter le temps jusqu'aux origines d'un héritage, recomposant les maillons d'une chaîne de filiation qui nous mène du présent à un passé lointain et, inversement, de ce passé au présent. Une généalogie de la métaphysique replonge la pensée métaphysique dans le temps, situant explicite-

13. Voir, entre autres, Georges Libert, « Nietzsche et la musique », Postface à *Friedrich Nietzsche : Œuvres*, ed. Jean Lacoste, Éditions Robert Laffont, 1993, pp. 1452-1552.

ment son système et son histoire *comme* gestes straté-
giques, et dérivant ses gestes de la complexité qu'ils
désavouent.

2.2. Deux versants de la généalogie

Dans la trilogie cette généalogie se pose en deux
versants qui souvent se recoupent, formant deux parties de la même poussée philosophique. Le premier
est *historique* : la dissolution des concepts et stratégies métaphysiques dans l'histoire reconduit le fil du
temps dans le sens du devenir. Le deuxième est *scientifique* : le terme allemand est *Wissenschaft*, terme par
lequel Nietzsche entend selon le contexte le savoir en
général ou les sciences en particulier, parmi lesquels
il compte les sciences naturelles, la médecine, la physiologie et la psychologie. Ce qui relie les deux utilisations du terme c'est la manière dont ces sciences,
selon Nietzsche, « imitent la nature en concepts »[14]
sans y introduire des schèmes métaphysiques (du
concept de « sujet » à celui de « fins dernières »). En
effet, c'est plutôt le statut de la recherche du monde
des événements en tant que monde en devenir — sans
origine ni *telos* (direction/destination), sans cause ni
volonté — qui confère à ces disciplines le statut de
« savoir », leur donnant la possibilité de devenir par
la suite une « science ».

Ces deux versants répondraient, pour Nietzsche, à
nos deux gestes constitutifs de la pensée métaphysique : le renversement de l'ordre du temps et
la simplification de la vie. Se mettant derrière nos
schématisations du monde, ils dégageraient de leur
arrière-boutique une complexité de vie qui précède et
excède la raison humaine. A travers leurs recherches

---

14. *Humain, trop humain*, premier livre, §38, tome 1, p. 468.

ils inventeraient des stratégies conceptuelles plus souples, plus en rapport avec cette complexité et, donc, plus *justes* en ce qui concerne la vie. Taxer Nietzsche d'irrationalisme, voire de nihilisme, trahit par conséquent une incompréhension profonde de la méthode généalogique, de ses stratégies et de ses buts. Se plaçant *derrière* la formation de la raison humaine, la généalogie se veut même plus « rationnelle » que la raison du fait qu'elle veut en rendre compte. Elle se veut ainsi plus « éthique » que toute morale qui fait pendant à cette raison : réinscrivant cette morale dans une histoire dont elle aussi ne peut pas rendre compte pour se constituer comme telle, elle ouvre des possibilités de comportement qui excède cette cécité. Voir dans la généalogie une destruction irrationnelle de la raison, c'est ne rien comprendre à la nature radicale — en dépit des ambiguïtés qui l'accompagnent — du geste. Pour Nietzsche, on l'a déjà dit plusieurs fois, ce qui se révèle de derrière le dos de la métaphysique est un monde de forces. Le redressement du devenir et la complexification de la vie visent à reconduire les concepts aux forces qui les sous-tendent : toute pensée en est le résultat. Ce n'est donc qu'en abordant, et en articulant ce jeu de forces qu'on a des chances de comprendre la dimension « ultra »-rationnelle et « ultra »-morale de la généalogie nietzschéenne.

D'abord le versant « historique ». — Au début de *La Généalogie de la morale*, Nietzsche dissout des concepts de « bien » et de « mal ». C'est un lieu commun de remarquer que celui qui est bon dans ses intentions et dans ses actes pense moins à lui-même qu'à autrui, que celui, inversement, qui a un caractère mauvais ne pense qu'à ses propres intérêts dans ses rapports avec les autres. De plus, ces concepts constituent la base de toute analyse morale des formations sociales et culturelles. L'analyse historique du concept de bonté proposée par Nietzsche révèle au contraire qu'il puise ses origines dans une situation de forces remontant à la préhistoire de la moralité dont l'abolition fut elle-même une prise de pouvoir qui se donne ensuite pour la pacification même. L'origine de la morale est immorale. L'analyse est d'abord conduite en termes *philologiques*.

Ainsi, dans le premier essai de *La généalogie de la morale*, Nietzsche dérive le terme « bon » des termes de « distinction » : une âme distinguée est une âme noble dans le sens social ; le concept « bon » veut dire étymologiquement dans les diverses langues « noble » (§4). La racine de la forme ancienne du latin « bonus » est « duonus » qui se conserve dans « duellum » dont la forme ultérieure est « bellum » (guerre) : ce qui permet à Nietzsche de rapprocher par leurs racines celui qui est « bon » et celui qui est « guerrier » (§5). La même transformation vaut pour le terme « mauvais » qui finit, au terme d'une dérivation analogue, par désigner le « vulgaire » et le « plébéien » (« *schlecht* » est identique à « schlicht » qui veut dire « simple », etc.). Par le biais de cette généalogie philologique, Nietzsche entend établir que l'origine de l'opposition entre « bon » et « mauvais » est le sentiment de la « supériorité » et de la « distance » en opposition avec ce qui est inférieur. Le procédé de Nietzsche a sans doute des limites importantes, essentielles même. Ce sur quoi nous voulons insister pour le moment est ceci : la dérivation généalogique comme *geste méthodologique* laisse apparaître une histoire de forces et de stratégies qui va à l'encontre de la notion abstraite du concept moderne du sujet éthique. Cette notion ne pourrait fonctionner, en fait, que dans *l'oubli* de cette histoire. D'où ressortent deux points.

Premièrement, si nos concepts sont, pour

Nietzsche, figés dans le temps au point de vouloir s'en extraire, la *violence* de la formation de la morale est cachée. Cette occultation nous laisse nous méprendre sur la nature *historique* de l'humanisation.[15] Deuxièmement, cette généalogie de la morale ramène des concepts, qui servent de cadre d'interprétation de nos actes, à des réalités humaines affectivement brutales dans lesquels ils sont dissous. Nous en tracerons l'histoire au deuxième chapitre : prenons ici les deux exemples du concept d'égoïsme et celui d'altruisme (voir surtout *Le gai savoir*, §21 et 338). Dans l'optique « scandaleuse » qu'ouvre Nietzsche, l'altruisme serait plutôt le symptôme d'une faiblesse qui se trouverait à ses origines ; l'égoïsme, une expression de la force. Donner serait donc moins un acte gratuit pour autrui, au delà de tout échange, qu'une issue pour soi-même en réponse à la reconnaissance d'un vide intérieur. L'altruiste fuirait devant l'ombre de lui-même, cherchant dans la bienveillance à l'égard de l'autre une manière d'échapper à lui-même sans en prendre conscience. L'altruiste, ce ne serait qu'un égoïste caché. Et c'est en étant égoïste, au contraire, dans le sens de penser assez à soi-même pour ensuite être capable de penser à autrui *comme* autrui, qu'on aurait la chance de donner aux autres. D'où, pour Nietzsche, le paradoxe terrible de la *pitié*. Le sentiment de compassion pour ceux qui souffrent, le désir de venir rapidement en aide aux gens, du fait qu'ils souffrent, risque toujours de s'inverser en cruauté, une cruauté qui provient de la volonté de donner une *raison* au malheur rencontré. Mais le mal-

15. Il importe de remarquer dans ce contexte que Nietzsche fut contemporain de Charles Darwin et que, même s'il ne connut pas sa pensée directement (fréquentant plutôt celle des socio-darwinistes comme Herbert Spencer), il prit les implications du darwinisme très au sérieux *philosophiquement*.

heur de l'autre est probablement trop profond, trop complexe pour être saisi avec rapidité : l'élan de la pitié témoigne plus, par conséquent, d'un désir de bien-être *chez* le compatissant, couvert par le désir de sauver l'autre, qu'un désir simple de le sauver *pour* lui-même. La logique est cruelle. Ce sont nos concepts et nos schèmes — ontologiques, épistémologiques et éthiques — qui servent à cacher cette cruauté, cet abîme dans l'humain. Pour Nietzsche, ce n'est donc qu'en ouvrant cet abîme et en l'articulant qu'on se donnerait la chance de donner vraiment.

Maintenant le versant « scientifique ». — La généalogie historique du concept de « bien » a ramené le concept, ainsi que ceux, comme par exemple l'altruisme, qui l'accompagnent, à un champ de forces dont la nature se dérobe à toute prise conceptuelle. Pour Nietzsche, pourtant, ce champ de forces s'offre au regard de l'homme des sciences. Les deux « sciences » (dans le sens général décrit plus haut) les plus aptes à aborder une description de cette complexité seraient la « physiologie » et la « psychologie ». Nietzsche parle même plusieurs fois de la « souveraineté » de ces deux sciences sur tout autre savoir. On comprendra rapidement les raisons de ce jugement en suivant son analyse historique de la conscience, qui nous permettra de reprendre, dans ses termes, l'exemple de Cornaro.

Si l'on remonte, dit Nietzsche, très loin en arrière le fil du temps, tout concept se ramène à une sensation, au réflexe d'un organisme vivant. Par force de *répétition*, au cours des milliers d'années, ces sensations sont devenues des ensembles d'abord reconnaissables, ensuite mémorisables, dont découlent éventuellement des concepts (des stocks linguistiques de mémoire). Au début de la phase métaphysique de la vie humaine, une partie de ces concepts se donnent

pour ceux qui *anticipent* les sensations venant du
monde, « se » donnant l'illusion par cette anticipation
même qu'ils les précèdent, voire les constituent : c'est
l'origine historique des concepts « transcendantaux »
par lesquels nous avons commencé. Voici comment
Nietzsche raconte cette histoire.

> *La conscience.* — Le conscient est l'évolution
> dernière et tardive du système organique, et par
> conséquent aussi ce qu'il y a dans ce système de
> moins achevé et de moins fort. (...) Si le lien
> conservateur des instincts n'était pas infiniment plus
> puissant, s'il ne servait pas, dans l'ensemble, de
> régulateur : l'humanité périrait par ses jugements
> absurdes, par ses divagations avec les yeux ouverts
> (...) en un mot par sa conscience ! (...) On s'imagine
> que c'est là le *noyau* de l'être humain, ce qu'il y a
> de durable, d'éternel, de primordial ! On le tient
> pour une quantité stable donnée ! On nie sa crois-
> sance, ses intermittences ! On le considère comme
> l'« unité de l'organisme » ! (...) Une *tâche* demeure
> toute nouvelle et à peine perceptible à l'œil humain,
> à peine clairement reconnaissable, la tâche de *s'in-
> corporer le savoir* et de le rendre instinctif.[16]

Ce paragraphe est l'un des plus révélateurs de la
philosophie nietzschéenne. Il faut lui accorder toute sa
portée. L'histoire que Nietzsche décrit dépasse toute
opposition métaphysique entre le transcendantal et
l'empirique. Au-delà de toute notion d'expérience qui
constitue le noyau du concept « empirique » (tel
qu'on a lié ce concept au fait de l'expérience plus
haut), elle est néanmoins plus empirique que transcen-
dantale, s'inscrivant derrière le transcendantal dans sa
description même de la conscience, pour donner une
« généalogie » du sujet transcendantal et des concepts

16. *Le gai savoir*, 1, tome 2, p. 11.

qui l'accompagnent. Dans ce sens, et pour rappeler le terme d'« ultra » utilisé plus haut, on pourrait dire que la méthodologie structurant ce paragraphe est « ultra-empirique ».

Notre citation précise que la conscience sort du devenir, qu'elle est un effet de l'évolution, mais un effet sans cause primordiale, un effet qui émerge de l'accumulation des événements, laquelle est en principe hasardeuse et sans volonté aucune. Le paragraphe va par là directement à l'encontre du renversement du temps et de la simplification corrélative de la vie. Or, cette histoire de la conscience est une histoire de *répétition*. C'est une histoire en fait *technique*. La vie humaine se répète, « s'épaississant » à chaque répétition en maîtrisant son environnement à travers des objets techniques. Si ces objets sont eux-mêmes le résultat de ce processus de répétition, avec chaque répétition, l'humain se trouve dans un rapport de plus en plus ouvert et flexible avec son monde. Cette ouverture croissante constitue son « humanisation ».[17] La généalogie nietzschéenne est, sans doute, l'une des deux premières philosophies modernes (avec celle de Karl Marx) à prendre acte du rapport inséparable entre l'homme et la technique et à en tirer des conséquences pour la philosophie en général (sa portée ontologique, épistémologique et éthique). La tâche mentionnée en fin de citation le montre bien ; nous y reviendrons au dernier chapitre. Cela dit, et ce paragraphe le montre tout aussi bien, Nietzsche lui-même opte souvent pour une analyse « pulsionnelle » et « affective » de ce qui se trouve « derrière » la conscience. C'est *pourquoi* les deux sciences qui prédominent dans sa compréhension généalogique de la

17. Pour un déploiement magistral de cette thèse, voir Bernard Stiegler, *La technique et le temps*, tomes 1 et 2, Galilée, 1994 et 1996.

complexité de la vie sont la « physiologie » et la
« psychologie ». C'est pourquoi en plus, comme le
prochain chapitre le montrera, sa dissolution historique des concepts dans des forces se ramène souvent
à des incitations et des affects d'ordre exclusivement
corporel et/ou psychique, à l'exclusion de l'histoire et
de la technique : la décision sera lourde de conséquences pour une partie de sa philosophie plus tard.
Mais reprenons pour l'instant le fil de notre argument.

Si l'on suit la logique « ultra-empirique » du paragraphe cité plus haut, il est clair que la conscience
ne peut pas se donner comme *but* du développement
humain. En cela elle est sur le même plan « ontologique » que toute autre partie de l'organisme (l'œil, la
main, l'ossature, etc.). De manière infiniment plus
complexe, même si la logique reste trop « simple »
pour notre narcissisme humain, il est non moins clair
que la conscience a vu le jour dès qu'une série de
forces (techniques, anatomiques, physiologiques,
énergétiques) ont préparé le fonctionnement de l'appareil pour qu'il soit « ouvert » *comme* conscience.
Les causes originelles de la conscience et son « utilité » finale, son emploi effectif, son auto-description,
et ses prétentions futures ne sont pas à confondre les
uns avec les autres. L'évolution d'une chose n'est
pas, encore une fois, progression vers un but, mais
produit d'une succession constante de forces, de leurs
différences et de leurs dispositions. Si le propre de la
métaphysique est de vouloir renverser cette « succession » en une évolution progressive, utilisant à cet
effet les concepts d'« intention », de « volonté », de
« sujet », et de « causalité », la question de la
conscience vient de nous indiquer la portée immense
de la thèse nietzschéenne. On peut, maintenant, revenir à l'exemple tout banal de Cornaro pour montrer
ce à quoi l'analyse « scientifique » aboutit.

2.2.1. Le monde de Cornaro selon Nietzsche

Cornaro croit que son régime frugal lui donne bonne santé alors que c'est sa bonne constitution qui nécessite la frugalité. En pensant le contraire, Cornaro agit en bon métaphysicien, attribuant à lui-même un processus qui dépasse de loin l'échelle à laquelle fonctionne sa *conscience*. Le tout des événements en cours embrasse l'organisme Cornaro dans sa totalité. Sa conscience fait partie de ce tout, mais ne jouit d'aucun privilège. Cette totalité est à la fois une totalité historique (un effet de l'histoire) et une totalité individuelle (un complexe vivant en grande partie invisible à l'œil humain). Or, devant cette double complexité Nietzsche a penché pour une analyse physiologique. On se rappelle ses mots : « l'Italien voyait dans son régime la cause de sa longévité : tandis que la condition première pour vivre longtemps, l'extraordinaire lenteur dans le métabolisme, la faible consommation étaient en réalité la cause de son régime frugal ». Cette analyse ramène donc la pensée au corps, mais considère ce corps comme une *histoire de régulation*.

2.3. La généalogie et l'énergétique

Chez Nietzsche, cette histoire s'ouvre à une *énergétique* de forces : c'est-à-dire une analyse de forces qui les considère en termes d'énergie et non en termes de forces au sens mécanique. C'est à cette énergétique que tous les concepts de la conscience sont ramenés. Et c'est à travers elle que Nietzsche suit les jeux de forces qui marquent l'arrière-boutique de nos pensées ainsi que des renversements qu'ils subissent (cf. nos exemples plus haut du « bon » et de la « pitié »). *Cette énergétique constitue donc le résul-*

tat de la généalogie historique et scientifique. En voici l'une des premières formulations dans *Aurore* :

> Tandis que nous croyons nous plaindre [avec notre intellect] de la violence d'un instinct, c'est au fond un instinct *qui se plaint d'un autre* instinct ; ce qui veut dire que la perception de la souffrance que nous cause une telle *violence* suppose un autre instinct tout aussi violent, ou plus violent encore, et qu'une *lutte* se prépare où notre intellect est forcé de prendre parti.[18]

Au delà donc de toute opposition entre l'intellect et les sens, la généalogie nietzschéenne nous amène à un système dynamique, en perpétuel mouvement, de différences de forces dont l'équilibre, instable et historique, nous permet une évaluation de ce qui arrive. Cette évaluation sera, un autre jour, à ré-interpréter elle-même. On n'en finit pas, des perspectives ! Le temps, c'est qu'il y aura toujours du nouveau.

Dans ce chapitre nous avons décrit la manière dont Nietzsche s'adresse à la métaphysique ainsi que les termes dans lesquels il la « détruit ». Au Chapitre Deux nous montrerons plus précisément *comment* cette généalogie en qualité d'énergétique forme la réponse nietzschéenne à la métaphysique. Nous confirmerons par là le fait que le pronostic nietzschéen de l'avenir découle de sa destruction de la métaphysique. Concluons ce chapitre pourtant par la question de l'ambiguïté de la philosophie de Nietzsche, relevée déjà plusieurs fois.

18. *Aurore*, livre II, §119, tome 1, p. 1042.

2.4. Le problème nietzschéen

En schématisant à outrance, on pourrait dire qu'il y a comme trois couches de l'analyse nietzschéenne des forces. Une — la plus fréquente — où la généalogie de la pensée métaphysique aboutit à une analyse des forces en qualités de pulsions, d'affects, et d'instincts. Le point fort de cette analyse, comme on le verra, c'est la manière dont Nietzsche traque le destin des pulsions qui ne sont pas de nature différente les unes des autres. Ce qui les différencie c'est leur direction, leur quantité et le milieu d'autres forces dans laquelle chaque force joue. C'est pourquoi le terme « instinct » *(Instinkt* et non pas *Trieb*, comme dans la citation plus haut) n'est point à la mesure de l'objet qu'il décrit. Car il suggère une *fixité* d'énergie et de direction, essentiellement étrangère à la complexité de vie qui intéresse Nietzsche derrière les concepts fondateurs de la métaphysique.

On y voit immédiatement le risque que la destruction de la métaphysique, en termes de « force », court. C'est le risque de *figer* son propre analyse en une philosophie de *la* force (et non pas *des* forces), retournant le « mouvement rétrograde » de la destruction généalogique en une philosophie régressive de la vie comme force pure, comme puissance. Le lecteur a sans doute senti ce risque dans la citation plus haut concernant l'analyse du faible et du fort. Nous l'avons plutôt tirée vers un dévoilement de forces différentielles dont l'équilibre moderne se traduit par le nom de « droit ». Il est clair, pourtant, que le même paragraphe se prête à une apologie de la violence, et nous aurons l'occasion d'y revenir au prochain chapitre. Cette fixation des forces en instincts mène au pire chez Nietzsche (une philosophie de la violence). Mais, en le condamnant, plutôt que de condamner tout Nietzsche avec, notre chapitre a essayé de montrer que le risque du pire appelait une analyse *encore plus généalogique* des dites forces.

Et c'est ici qu'on peut trouver les ressources mêmes d'une telle analyse à d'autres endroits du corpus nietzschéen, dans ce que j'appellerai la « troisième couche » de son analyse énergétique. Elle est certes la plus intéressante, car elle remet ensemble les deux versants de la généalogie — historique et scientifique — qui risquent de se séparer dans la première analyse et qui se sont radicalement éloignés l'un de l'autre dans la deuxième. En ramenant des concepts aux forces, cette analyse aborde ces forces en termes de différence *à la fois* dynamique et historique. Comme on l'a vu avec l'histoire nietzschéenne de la conscience, toute force possède une histoire, tout en étant une force qui se situe dans un champ de forces dont l'analyse reste « physiologique » ou « psychologique ». Cette historicité de la force (sa technicité) donne à l'énergétique nietzschéenne tous les moyens de dissoudre la métaphysique dans un champ général de différences qui est à la fois une complexité à décrire (comme objet de science) et une complexité temporelle à suivre (comme objet d'histoire). C'est ce champ qui nous donne le sens nietzschéen de l'avenir de la métaphysique.

Nous sommes prêts maintenant à reprendre *La Généalogie de la morale*.

Chapitre 2

Généalogie et Énergétique

C'est dans *La Généalogie de la morale* que la complexité se trouvant derrière la pensée métaphysique est le mieux mise en évidence chez Nietzsche. Dans ce texte on voit la méthode généalogique aboutir de manière claire à une analyse énergétique de forces au cours de laquelle de grandes positions éthiques traditionnelles sont réévaluées. Nous suivrons cette analyse de près, voyant chemin faisant qu'elle retombe parfois dans des erreurs déjà dénoncées, que cette réévaluation n'est pas sans ambiguïté, mais que l'analyse énergétique elle-même, suivie avec une rigueur que Nietzsche ne nous semble pas avoir toujours maintenue, peut permettre de dépasser les termes de cette ambiguïté et ouvrir la voie à une compréhension profonde de la refonte nietzschéenne des valeurs traditionnelles après leur destruction. Cette refonte sera le sujet de la dernière partie de ce chapitre et des deux chapitres suivants.

1. De la valeur conceptuelle
aux jeux et dispositions de forces

La Généalogie de la morale se donne pour tâche de remonter aux conditions de nos valeurs et de leurs fonctions. La valeur de ces valeurs est ainsi mise en question et se fait remplacer par une analyse de la vie comme « puissance ». Tout critère éthique de nos actions — le bien chez Platon, la liberté chez Rousseau et Kant, l'utile chez les « utilitaristes » du dix-neuvième siècle comme Bentham et Mill, etc. — est ainsi dissout dans un champ de forces dont les « propriétés » relèvent de la vie. Considérons comment cette dissolution se fait dans *La Généalogie* et ce qui découle des rapports de forces dévoilés par une analyse énergétique des valeurs morales.

On se rappelle (cf. premier chapitre) que le « bon » pour Nietzsche remonte au « noble » dans le sens social et que le « méchant » n'est que signe d'« infériorité ». On se rappellera aussi que c'est au moment où ces jugements de valeur déclinent que l'opposition « le "bien"/le "mal" » (et celles qui l'accompagnent) s'empare de plus en plus de la culture humaine. La différence entre l'évaluation de la vie en termes de « bon » et de « mauvais » et celle en termes de « bien » et de « mal », ainsi que le basculement de la première dans la deuxième, font le sujet du premier essai de cette œuvre, « "Bien et Mal", "Bon et Mauvais" ». Ce qui nous intéresse dans l'optique ouverte plus haut, ce sont les termes de ce « renversement » ainsi que la manière dont, à la fois, il ouvre chez Nietzsche un nouvel « horizon » énergétique pour penser l'avenir de la morale et donne lieu à une ambiguïté qui sous-tend toujours nombre de réceptions critiques de son œuvre.

1.1. La barre et la force

Le renversement *(Umkehrung* en allemand) se fait, pour Nietzsche, en deux moments historiques et culturels : premièrement, avec ce qu'il appelle la scission de l'ancienne aristocratie en « une aristocratie guerrière » et une « aristocratie sacerdotale », et deuxièmement, de manière nettement plus conséquente, avec l'avènement du judaïsme et sa lutte ultérieure avec la culture romaine sous la forme du christianisme.[1] A ces deux moments, le faible l'emporte sur le fort, et la métaphysique — telle qu'on l'a définie au premier chapitre — prend un essor culturel dont le dernier avatar est le nihilisme moderne. On considérera, premièrement, comment l'aristocratie sacerdotale prépare en termes de force la lutte entre ces deux évaluations du monde ; on verra après comment cette lutte elle-même se fait analyser par la généalogie nietzschéenne à un niveau énergétique.

L'opposition décisive dans le renversement est celle entre le « pur » et l'« impur ». Cette opposition ne vient pas des cieux, comme le prétendra après coup toute religion. Elle relève de la formation historique du « prêtre ». Autrement dit, la valeur fixée dans l'opposition conceptuelle « pur/impur » est l'effet de la constitution historique d'un « type » d'homme qui s'appelle « prêtre ». Cette constitution est à saisir, selon Nietzsche, *en termes du rapport entre l'intérieur et l'extérieur de l'organisme humain.*

Au contraire de l'aristocrate guerrier qui « décharge » spontanément (nous y reviendrons), l'aristocrate sacerdotal est détourné de l'action. Hostile aux sens,

---

1. La valeur historique ou exemplaire de ces deux moments sera pour maint lecteur suspecte. Nous resterons pour autant fidèles à l'analyse nietzschéenne, jusqu'au dernier mouvement de ce chapitre, pour en dégager sa propre logique.

il mène une existence *orientée vers l'intérieur*. De par cette orientation même, son intérieur s'épaissit. Moins il y a de décharges de forces dans l'action (comme pour le guerrier), plus l'énergie du prêtre s'accumule à l'intérieur de l'appareil humain. Et plus cette énergie s'accumule, plus elle creuse son « intériorité », ouvrant la voie au développement des couches psychiques qui forment un « caractère ». Sans exutoire dans le monde extérieur, le prêtre acquiert la profondeur. La profondeur psychique (ce qui deviendra l'« âme » dans toute sa complexité religieuse) relève donc, selon Nietzsche, d'un changement de direction de l'énergie. L'énergie qui coule vers l'extérieur chez l'aristocrate guerrier reflue chez le sacerdotal vers l'intérieur. La formation psychique est une histoire d'« intériorisation ». En plus, du fait que cette profondeur se fait au détriment de l'action, elle est creusée par les forces qui se définissent par leur *manque* de décharge. Formant l'intérieur, ces forces sont marquées par ce manque. Cette marque leur prête une disposition distinctive. Bloquées, elles deviennent à l'intérieur de l'appareil humain des affects « haineux ». En devenant profond, le prêtre devient en même temps méchant, plein de sentiments de « vengeance ».

On voit par ce tableau plutôt scandaleux de la constitution historique du type « prêtre » dans quel sens elle est une formation énergétique. Sous l'optique de modalités de rapports entre l'extérieur et l'intérieur, détournée, toute l'énergie de l'appareil humain qui avait coutume de se décharger à l'extérieur creuse un écart de plus en plus intense entre l'intérieur et l'extérieur. Or, cet écart devient la barre de l'opposition qui se trace entre le « pur » et l'« impur » ; c'est par rapport à elle, et en fonction d'elle, que le prêtre arrive à calomnier, au nom du « pur », le monde ainsi que les énergies qui s'y déploient.

Loin, par conséquent, d'être une relève de la force, comme le prétend le prêtre (et plus tard le philosophe), cette barre n'est elle-même rien de moins qu'*une différence énergétique de forces*. Car elle n'est que la trace du blocage du flux d'énergie vers l'extérieur. Autrement dit, les moyens avec lesquels la barre est défendue, au nom de la délivrance de la force, seront eux-mêmes des forces.

De cette analyse énergétique de l'aristocrate sacerdotal ressortent deux choses. A un niveau théorique on voit dans cette stratégie de la barre entre le pur et l'impur toute la ruse du faible qui lui permet de l'emporter sur le plus fort. L'histoire du prêtre est une histoire d'impuissance dont la puissance même est l'articulation de sa haine envers l'homme d'action en termes de « nouvelles valeurs d'intériorité », c'est-à-dire du point de vue d'une réorganisation du rapport entre l'intérieur et l'extérieur. Ces valeurs relèvent de la scission entre le sujet et le prédicat dont on a parlé au premier chapitre. A un niveau méta-théorique on voit donc que les valeurs de « pureté » et d' « impureté », valeurs qui soutiennent la distinction entre deux mondes, s'avèrent être des épiphénomènes dans une stratégie de forces entre le noble guerrier et le noble prêtre. Les valeurs de pur et d'impur se réduisent par conséquent à la même « qualité » de force ou d'énergie que celle qui informe les valeurs opposées (bon= noble=fort) : c'est la même force active opérant, d'un côté, chez les hommes qui affirment le monde et, de l'autre, chez les hommes qui le dénient au nom d'idéaux négatifs. La valeur des deux évaluations est la même, c'est la « puissance » : la différence entre les deux évaluations, c'est la disposition de cette puissance — sa direction, la matière sur laquelle elle travaille, c'est-à-dire, *la modalité du rapport énergétique entre l'intérieur et l'extérieur de l'organisme humain.*

C'est pour cela que le faible peut toujours devenir plus « fort » que le fort.

1.2. Métaphysique ou énergétique

Pour Nietzsche, ce n'est donc qu'en dévoilant la ressemblance entre les deux évaluations en termes de puissance que le renversement de l'une dans l'autre peut être expliqué. Sans cette ressemblance au niveau énergétique, le passage de l'une à l'autre serait incompréhensible. Seule une analyse énergétique peut saisir ce passage, car comment, autrement, pourrait-on passer d'une évaluation à l'autre ? De fait, le caractère incompréhensible du passage fera partie ultérieurement de la stratégie de force de tout prêtre et de la pensée métaphysique en tant que telle : il y aura une différence d'« essence », de « nature » entre ce qui est « impur » et ce qui est « pur », ce qui est « force » et ce qui est « morale ». Un tel passage (l'origine de la morale) deviendra l'impensable, l'incompréhensible... un don de Dieu. Autrement dit, selon Nietzsche, c'est dans l'intérêt du type « prêtre » de garder une frontière entre lui-même et son ennemi et de déclarer cette frontière infranchissable. Dans cette stratégie de force l'abîme entre des valeurs constitue sa propre défense ; par contre, la généalogie de cet abîme révèle sa force stratégique. Selon Nietzsche et son énergétique, il n'y a pas d'abîme — ni dans le monde ni entre ce monde et un autre, comme le veut la scission métaphysique de la vie en deux mondes. Comme on a eu l'occasion de le dire plusieurs fois, la notion d'« abîme » est pour Nietzsche un concept nihiliste : tout est, au contraire, force et différences de forces.

Nous venons de voir aussi que dans cette généalogie énergétique ces forces sont analysées en termes d'énergie et d'organisation d'énergie. Ce qui change d'une évaluation à l'autre (du « bon/méchant » au « bien/mal ») ne se réduit pas simplement à un différentiel de forces, mais aux organisations qui prennent forme avec et sur ce différentiel. La *disposition* des forces est en jeu dès qu'on réduit des concepts aux forces : le différentiel déclenche une typologie. Si, donc, la lutte du prêtre contre le guerrier se situe dans un jeu de différences de forces qui précède et dépasse toute pensée opposant un au-delà à un ici-bas, ce à quoi la généalogie de la morale aboutit, dans la dissolution même de la pensée dans ce jeu, c'est à une analyse de *types* de force. Cette typologie — dès le début instable et non-essentialiste — passe au premier plan avec le deuxième moment du renversement de l'évaluation du fort.

Cette évaluation se concrétise dans l'histoire avec le peuple juif, la première collectivité sacerdotale de l'histoire de l'humanité : le premier moment dans l'histoire pour Nietzsche où la barre sacerdotale devient un véritable « système » de valeurs qui puisse organiser des forces collectivement. A cet effet, c'est le peuple juif qui crée, à la différence du noble et du prêtre, un troisième « type » d'homme qui va dominer l'histoire de l'humanité à travers la pensée métaphysique : l'« homme du *ressentiment* ». Ce type donne « la morale des esclaves » ou « l'instinct grégaire ». Cette morale est une disposition énergétique qui va du christianisme à la démocratie moderne en passant par la Réforme et la Révolution française. Toutes ces formes éthico-politiques et culturelles tombent sous le coup de ce type de forces qui forme le nouvel « opposé » de l'homme d'action après le prêtre. En tant qu'organisations de forces, ces deux types se différencient par leur manières de détruire et de créer. Analysons-les ensemble.

1.2.1. La typologie de l'aristocrate guerrier
et de l'homme du ressentiment

On a dit tout à l'heure que le fort=bon, l'artiste de la violence, est celui qui *décharge*, qui passe immédiatement à l'acte : précisons maintenant ce que cette décharge implique pour Nietzsche dans la perspective de son nouvel opposé. Tourné vers l'extérieur, le guerrier dit un « oui » à ce qui se situe en dehors de lui, à ce qui est différent de lui. Ce « oui » est son acte destructeur et créateur, et c'est de lui que relève sa perspective d'évaluation. Agissant et croissant spontanément, les capacités et les actes de destruction du fort sont signes d'une énergie débordante, qui coule sans cesse vers l'extérieur pour le transformer et le remodeler. La création est immanente à la destruction, et inversement. Ce « oui » destructeur et créateur implique, entre autres choses, que son évaluation du monde — le fort=bon, le faible=mauvais — n'est pas un « système » selon lequel il s'oriente. Il se situe avant toute systématisation pratique ou théorique. Le noble guerrier ne cherche son contraire, par conséquent, que pour se dire « oui » à lui-même : ce « oui » ne venant pas d'autre chose que de lui-même, il s'affirme et prend forme *dans* le contact entre l'intérieur et l'extérieur. L'inférieur=le mauvais n'est pas en opposition avec le bon=noble, il n'est pas même son « contraire ». Plein de confiance et de franchise envers lui-même, le noble le dédaigne, il ne considère la sphère qu'il méprise qu'*après coup*. Si le noble fausse celui qui est inférieur dans son mépris même, cela n'a aucune pertinence stratégique ou autre. Par conséquent, chez le noble, le concept de « bon » fonctionne seul, en dehors de tout système de comparaison et d'opposition. Ce qui veut dire, énergétiquement parlant, que chez le noble tout vient de l'intérieur : tout, dans l'affirmation de l'extérieur, passe de l'intérieur à l'extérieur. Dans cette unicité de la direction des forces, il n'y a aucune place pour des objets fixes, pour un objet, par exemple, qui s'appellerait le « mauvais ». Dans la décharge immédiate d'énergie, le noble *oublie* : il aime le devenir.

En revanche, l'homme du ressentiment oppose dès l'abord un « non » à ce qui se situe « en dehors », à ce qui est différent de lui. Ce « non » est son acte destructeur et créateur. A l'encontre de la manière de détruire et de créer du noble, l'homme de ressentiment détruit et crée par incapacité de suivre le mouvement du temps et de la vie — par vengeance. Il ne souffre pas d'un excès de vie, mais de son appauvrissement, et cet appauvrissement fait de lui un nostalgique du temps passé, un ennemi du flux du temps. Cette souffrance nourrit sa destruction : une destruction de haine qui ramène sans cesse le passé dans le présent et le rend incapable d'ouvrir ce présent à l'avenir. Et pourtant, cette souffrance transpose cette destruction aussi en création. C'est cela qui constitue le phénomène remarquable qu'est le peuple juif et le type de vie que ce peuple a créé. Par sa haine même de la vie, ce type crée des conditions de vie dans lesquelles le faible l'emportera sur le fort. C'est tout le génie du peuple juif : le « non » devient un acte créateur : une position qui nie la vie prolonge la vie. On comprend ce paradoxe en termes énergétiques : le « non » au monde est lui-même une force du monde. Organisé, ce « non » forme des types. Or, plutôt que de couler de l'intérieur à l'extérieur, cette force passe dans l'autre sens, de l'extérieur à l'intérieur. L'homme de ressentiment n'est pas actif ; il est *réactif*. Son acte créateur est toujours une *réaction à* ce qui se passe, il ne vient jamais de lui-même, spontanément, plein d'insouciance pour ce qui est à son extérieur, comptant sur ses propres forces, etc. Sa création dépend d'autre chose que d'elle-même. Créatrice, la force de l'homme du ressentiment n'a donc aucune autonomie, et c'est la raison pour laquelle sa création ne peut jamais être de l'ordre de celle du noble. Réactive, elle dépend de l'autre.

Le passage d'une évaluation à l'autre ne se fait pas seulement par inversion de signe : le « bon » que l'évaluation de l'homme de ressentiment transpose en méchant, n'est pas le « bon » de l'évaluation de l'homme noble, le signe ayant simplement changé d'un système à l'autre. Pour l'emporter sur le fort, le faible a dû transformer complètement l'image du bon=fort. Or, c'est cet acte transformateur, qui prend une grande partie de l'énergie du faible, qui constitue sa « réaction ». Tandis que le bon « noble » n'avait qu'insouciance pour son contraire, dépensant toute son énergie par rapport à lui-même et au monde, l'énergie de l'homme de ressentiment est de nature réactive dans le sens où elle passe de l'extérieur à l'intérieur. Elle se situe dans l'intériorisation, et se déploie selon cette intériorisation. C'est ainsi que l'homme de ressentiment fait du noble un « monstre » moral qui n'est plus repéré en termes d'énergie, mais de sujet, en principe libre et autonome, qui a eu le loisir d'agir autrement, *mais qui a choisi le mal pour le mal*.

Dans cette nouvelle évaluation : a) les termes de « bien » et de « mal » sont étroitement dépendants l'un de l'autre. En effet, ce n'est qu'avec l'homme de ressentiment et son énergie négativement destructrice que l'opposition bon/mauvais devient une opposition de valeurs qui fonctionne conceptuellement ; b) ces termes en qualité d'une opposition de valeurs précèdent des actes, offrant un schéma d'interprétation avant leur devenir, enlevant toute possibilité que quelque chose d'autre que ce qui est interprétable dans le cadre de ce schéma arrive ; c) selon cette dépendance et cette schématisation, le système d'évaluation de l'homme de ressentiment voile l'essentiel de l'acte de son adversaire (la direction de son énergie) ainsi qu'il voile sa propre force et la direction de cette force. C'est par le biais de ce double voilement que la création/destruction pauvre d'avenir de l'homme de ressentiment l'emporte sur la création/destruction riche d'avenir de l'homme noble. Le ressentiment devient l'avenir lui-même de l'humanité pendant deux mille ans. Et du fait que cette humanité du ressentiment ne peut pas penser ou agir en dehors d'un système où l'autre est essentiel, elle ne peut pas oublier. Le temps reste collé au passé : l'homme du ressentiment ne fait jamais le deuil du passé. En disant « non » à ce qui est différent de lui, ce à quoi il dit non lui reste figé pour toujours dans la bouche. C'est une contradiction énergétique totale.

Nous avons décrit la lutte entre le fort et le faible en termes énergétiques pour montrer, de derrière le dos de la métaphysique et sa morale (le système même du faible), qu'il s'agit en fait de jeux et de dispositions de forces. Ayant effectué sa généalogie et l'ayant développée sous forme d'énergétique, que propose maintenant Nietzsche à sa place ? Cette question s'est posée pour la première fois au premier chapitre. Après avoir développé l'énergétique nietzschéenne, nous pouvons formuler une réponse. C'est en retraçant le renversement juif de l'évaluation aristocratique à ses origines de force que Nietzsche a dévoilé le basculement d'une évaluation dans l'autre comme une transformation de dispositions de forces. En principe, donc, le renversement nietzschéen du renversement « juif » devrait annoncer une nouvelle disposition énergétique pour mettre fin à deux mille ans de réaction. Ce renversement dans la pensée de Nietzsche se scinde pourtant en au moins deux mouvements, laissant subsister l'ambiguïté qui complique la réception de l'œuvre nietzschéenne. Suivons dans la deuxième partie du chapitre ces deux mouvements.

2. L'ambiguïté nietzschéenne : type, jeu de forces, esprit

Rappelons l'essentiel du passage de *La Généalogie de la morale* cité dans le premier chapitre.

> Le peuple dédouble en somme l'action quand il fait foudroyer la foudre, c'est l'action d'une action : il tient le même événement une fois pour une cause et ensuite encore une fois pour l'effet de cette cause. (...) Selon la croyance [du faible] il est [donc] loisible au fort de devenir faible, à l'oiseau de proie de se faire agneau : — on s'arroge ainsi le droit de rendre responsable l'oiseau de proie de ce qu'il est oiseau de proie.(...) Cette espèce d'homme a un besoin de foi en un « sujet » neutre, doué de libre arbitre par un instinct de conservation (...). Le sujet (ou pour parler un langage plus populaire, l'âme) est peut-être resté jusqu'ici le meilleur article de foi sur terre.[2]

Dans ce passage le fort est comparé à un oiseau de proie et le faible à un agneau. La ruse de la force du faible consiste en l'invention de la notion d'un « sujet » qui rend cet oiseau de proie « responsable de ce qu'il est oiseau de proie ». Elle consiste, donc, en le fait que l'agneau-homme convainc l'oiseau-homme, plutôt que de se décharger immédiatement, de se retourner sur lui-même et de réfléchir sur ce qu'il est. Après avoir déployé l'argument énergétique, nous devrions apercevoir assez facilement tout le danger

---

2. *La Généalogie de la morale*, premier essai, §13, tome 2, pp. 793-4.

que cette comparaison entre la culture et la nature
court dans le texte de Nietzsche. L'analogie entre le
fort et le faible, d'un côté, et l'oiseau de proie et
l'agneau, de l'autre, permet à Nietzsche de penser les
forces en termes « naturels ». L'analyse revient par
là à l'un des versants d'une opposition métaphysique
(nature/culture) derrière le dos de laquelle l'énergétique de la morale se donnait précisément pour tâche
de se placer. Plutôt que de dépasser cette opposition,
de tels passages chez Nietzsche réduisent l'énergétique à une philosophie de *la* force pure. Cette philosophie, toute comme la pensée métaphysique qui
dépend de la mise en opposition des termes, finit par
ne rien expliquer pour ce qui concerne le passage
de l'évaluation du guerrier à celle de l'homme de
ressentiment. Car, dans les termes d'une philosophie
de la force pure, pourquoi le fort se laisserait-t-il
convaincre qu'il devrait être faible comme le faible ?
Qu'il y a simplement plus de faibles que de forts (un
argument que Nietzsche avance souvent à ce point
difficile du passage) nous dit peu au niveau énergétique : la question c'est la *disposition* des forces, non
pas leur *quantité*. Ce nœud dans la pensée généalo-
gico-énergétique apparaît de la manière la plus flagrante dans le paragraphe suivant du premier essai.
Citons-le dans son ensemble pour que ce qui est en
jeu soit clair :

> [Quand les bons=forts] jouissent pleinement de
> l'affranchissement de toute contrainte sociale, ils se
> dédommagent de la tension que fait subir toute
> longue réclusion, tout emprisonnement dans la paix
> de la communauté, ils retournent à l'innocence de
> la conscience de la fauve, comme des monstres
> triomphants qui sortent peut-être d'une ignoble série
> de meurtres, d'incendies, de viols, de tortures avec
> autant d'orgueil et de sérénité d'âme que s'il ne

s'agissait que d'une escapade d'étudiants (...). Au fond de toutes ces races aristocratiques il est impossible de ne pas reconnaître le fauve, la superbe *brute blonde* [*die blonde bestie*] rôdant en quête de proie et de victoire.(...) Si l'on admet comme vrai, ce qui aujourd'hui est tenu pour « vérité », que *le sens de toute culture* soit justement de *domestiquer* le fauve humain pour en faire, par le dressage, un animal apprivoisé et civilisé, on devrait sans aucun doute considérer comme les véritables *instruments de la culture* tous ces instincts de réaction et de ressentiment par lesquels les races aristocratiques (...) ont été en fin de compte humiliées et dominées ; il est vrai que ceci ne signifierait pas encore que les *représentants* de ces instincts fussent en même temps ceux de la culture. Le contraire me paraît aujourd'hui (...) évident ! Ce sont ces « porteurs » des instincts d'abaissement et de représailles, héritiers de ce qui en Europe ou ailleurs était né pour l'esclavage de tous ces résidus d'éléments préaryens en particulier — ce sont eux qui représentent le *recul* de l'humanité.[3]

Le passage rassemble le pire chez Nietzsche. L'analyse d'instincts en termes de culture et de nature, en termes de races dominatrices et de races esclaves permet et promet une politique raciste de la vie et, donc, l'appropriation nazie de l'œuvre de Nietzsche pendant les années vingt et trente. Ici il faut poser deux questions : premièrement, par rapport à la généalogie énergétique de la métaphysique décrite plus haut, qu'est-ce qui s'est passé ? Et deuxièmement, qu'est-ce qui prépare dans cette énergétique même la réduction de toute histoire, de toute culture, de tout jeu de forces à ce désir d'affranchissement de la force pure ?

Pour répondre à la première question : dans ce

3. Idem, pp. 790-1.

paragraphe, Nietzsche se laisse emporter par au moins trois mouvements de pensée qui sont en contradiction flagrante avec les implications de la généalogie énergétique.

1) Parler d'un retour possible à « la conscience de la fauve », en dehors de la société, fait abstraction totale de l'histoire et de la culture *comme si* le renversement du renversement du « peuple juif » nous amenait à une disposition énergétique « aryenne » en dehors de toute culture. Et pourtant, Nietzsche nous a appris lui-même au premier chapitre que la conscience forme une histoire et que la grande tâche de l'avenir consiste en ce que la conscience, la partie la plus faible et vulnérable de l'organisme vivant humain, « devienne instinct » *(Gai savoir)*. Dans l'optique historique d'une telle tâche un retour simple à l'instinct ne veut dire rien de moins donc qu'une *régression* à travers le temps. Revenir ainsi derrière le dos de la métaphysique revient à détruire toute la culture au nom d'une origine fictive (un instinct pur de « fauvité »). Régression fantasmatique dans ce que Nietzsche a lui-même critiqué, permettant une association avec le pire des mythes modernes.

2) Une telle régression ne fait aucun cas des forces actives de l'histoire qui sont formatrices de la spécificité humaine (technique, économique, sociale). Elle finit, au bout du compte, par focaliser exclusivement sur la puissance des instincts. A cette lumière, l'analogie entre le fort et l'oiseau de proie est révélatrice. On y trouve que la disposition des forces qui mène à « l'homme du ressentiment » est devenue un instinct *fixe*, en opposition à celui *également fixe* du guerrier. Avec une telle fixation, les forces deviennent des programmes biologiques instinctifs (le mot d'« instinct », en allemand « Instinkt », en témoigne) alors que tout portait à considérer les forces comme des « paquets » d'énergie dont la différence des uns

avec les autres était de direction, d'organisation, de disposition, et non de qualité ou de nature. En effet, suivant de près la première thèse de la généalogie de la métaphysique (renversement de l'ordre de cause et d'effet), les schémas du monde « qualité » et « nature », tout naturels qu'ils semblent, ne seraient qu'un *effet* de l'évolution historique de ces énergies. La typologie instable de complexes de forces devient chez le Nietzsche du dernier paragraphe une zoologie d'espèces différentes sans considération aucune pour le fait que toute espèce ne serait qu'une variation de la vie, prise sur un axe qui télescope le temps. D'où la troisième contradiction.

3) Le mouvement métaphysique de Nietzsche le porte au pire dans la dernière partie du paragraphe quand il parle, d'un côté, des « races aristocrates » et, de l'autre, des « pré-aryens ». Comme si ces instincts permettaient une analyse de type *exclusivement* physiologique (on dirait « physiologiste ») des collectivités sociales. Mais, de l'intérieur même du travail de Nietzsche, l'idée de race comme *valeur* est absolument injustifiable, télescopant à travers le temps et l'espace des différences de dispositions d'énergie. C'était cet aspect temporalisant de la pensée nietzschéenne des forces qui expliquait généalogiquement le passage d'une évaluation à l'autre. Ce passage serait de nouveau rendu *impensable* dès lors que Nietzsche passe lui-même de « types » à « races ». La frappe de la disposition énergétique, nécessairement contingente et variable, devient la frappe d'une empreinte de caractère biologique. Le glissement, qui fait du passage généalogique une nouvelle abîme entre des races différentes, ouvre la possibilité de l'idéologie raciste. La notion de « race » constitue donc un court-circuit de la complexité des processus de différentiation de la vie.

C'est ici qu'on peut répondre à notre deuxième

question. Ce court-circuit risque toujours d'apparaître chez Nietzsche quand sa généalogie « historique » et « scientifique » de la complexité et de la multiplicité de la vie se scinde en deux, et qu'elle devient une analyse *exclusivement* physiologique. Car, dès qu'une science comme la physiologie se libère chez Nietzsche de tout enracinement dans l'histoire, elle permet un télescopage du temps de l'évolution de l'organisme vivant humain sous forme de races a-historiques. C'est dans ce sens que la généalogie comme énergétique *peut toujours* préparer une philosophie de la force pure, à moins de préciser les conditions et les caractères historiques de tout complexe de forces. Rappelons ici de nouveau le cas du régime de Cornaro.

Pour Nietzsche, c'est parce que Cornaro jouissait d'une bonne constitution, d'« une extraordinaire lenteur dans le métabolisme » (II : 976) qu'il suivait un régime frugal, et non l'inverse (l'argument qui connote un sujet et une volonté maîtres des forces en devenir). Poussé à un bout non-historique, où les forces en jeu ne font plus partie d'une *histoire* de régulation, cet argument dirait que Cornaro jouit d'une longueur métabolique *parce qu'*il est d'hérédité aristocratique. La complexité de la vie dégagée par la destruction de l'instance majeure de la logique métaphysique (la catégorie « causalité ») est de nouveau réduite par une typologie d'instincts qui se situent en dehors des processus formateurs de l'histoire, aboutissant à une philosophie de distinction naturelle. C'est un physiologisme pur exploité collectivement de manière meurtrière par les nazis.

Et pourtant, chez Nietzsche le métabolisme de Cornaro serait à comprendre également (cet « également » reflète le nœud d'ambiguïté du texte) en termes généalogiques qui mettraient ensemble ses deux versants : l'histoire *et* la science. Selon cette interprétation, la longévité du métabolisme de Cornaro est le résultat d'une longue histoire, d'une longue pratique (familiale et sociale, en partie volontaire, en partie involontaire, consciente et inconsciente) sur les énergies qui circulent autour du corps. Cornaro en jouit comme l'héritier de cette histoire : c'est son *héritage* à même le corps (son corps comme bien), et non pas une hérédité exclusivement « biologique », non-historique. L'analyse non-métaphysique du corps de Cornaro doit, par conséquent, prendre acte des axes spatiales et temporelles dans lesquels ce corps se situe. C'est une analyse qui fait pendant à l'histoire de la conscience comme histoire qui précède et dépasse toute opposition entre les sens et l'intellect. La constitution forte de Cornaro n'est pas un type figé auquel on peut faire retour, voire régresser en dehors du temps et de l'espace de la culture. C'est un héritage de dispositions de force d'une si grande complexité qu'elle défie certes une analyse complète.

Ainsi, au moment même où Nietzsche peut être associé avec le nazisme, il ébauche le chemin d'une analyse qui dépasse de loin les schèmes de son évaluation « biologisante » de la vie, recommandant quelque chose d'une importance philosophique et politique toujours pertinente : une généalogie historico-énergétique. Pour parler en termes contemporains, ce serait une analyse pluridisciplinaire qui agit des deux cotés de la division entre les sciences humaines et les sciences de la nature, de la vie et de la cognition. Alors, le pendant de cette généalogie serait une disposition de forces qui surmonterait *de par l'histoire* le ressentiment. C'est ce que Nietzsche appelle dans le deuxième essai de *La Généalogie de la morale* (« La "faute", la "mauvaise conscience" ») l'« individu souverain ». Concluons ce chapitre là-dessus.

2.1. L'individu souverain et l'esprit

Nietzsche se donne pour but dans le deuxième essai de *La Généalogie de la morale* de fournir une généalogie historique du concept de « justice ». C'est au début de cette généalogie qu'il brosse une petite esquisse de ce qu'il appelle l'« individu souverain ». On a souvent passé sous silence son portrait, alors qu'il constitue peut-être l'un des développements les plus intéressants de l'œuvre entière de Nietzsche, de ce que pourrait être le type de l'avenir, de ce qu'on appellera plus loin le « surhomme ». Dans ce portrait on voit, à l'encontre de la louange régressive de la décharge immédiate, une formation énergétique complexe qui rassemble deux choses scindées dans nos analyses précédentes de la régression au noble guerrier : premièrement, une conscience assumée de la part de Nietzsche de la formation historique des forces et de l'effet organisateur que cette formation exerce sur celles-ci ; deuxièmement, une description d'un type « actif » qui *n'affirme l'extérieur qu'à travers une histoire d'intériorisation*. Le portrait de l'individu souverain *surmonte* par là l'opposition historico-culturelle entre l'homme actif guerrier et l'homme réactif du ressentiment. Cette relève se résout dans la formation *technique* d'un type qui brasse les *dispositions énergétiques* de la décharge *et* de l'intériorisation. Rassemblant dans le même complexe énergétique force et histoire, puissance et technique, Nietzsche appelle le processus par lequel ce type se forme au cours de l'histoire « esprit ».[4]

4. Dans ce contexte il faut dire que *La Généalogie de la morale*, au moment même d'être une destruction de la morale métaphysique, est aussi une grande méditation sur l'esprit qui, pour Nietzsche s'inscrit avant la distinction métaphysique opposant l'esprit au corps. L'une va avec l'autre ; et l'histoire de la conscience que nous avons relevée au premier chapitre fait partie

Abordons cette notion ainsi que celle corrélative de l'individu souverain par la généalogie nietzschéenne de la justice.

Au centre de tout système de justice se trouve le concept de « faute ». Par une analyse philologique le deuxième essai fait remonter le concept moral de faute *(Schuld)* à celui matériel de « dette » *(Schulden)*, suggérant par là que l'origine de la justice se situe dans les rapports de *contrat* matériel, économique, entre un créancier et un débiteur. C'est une thèse qui veut s'inscrire de derrière le dos des analyses rousseauistes et kantiennes qui, tous les deux, ramènent l'origine de la société à un point fictif qui s'appelle « le contrat social » formant la base de la pensée démocratique moderne. Tout fictif que soit ce point chez les deux *Aufklärer*, l'autonomie forme l'horizon futur d'une communauté politique. La généalogie nietzschéenne du concept de justice s'inscrit contre cet horizon. Pour Nietzsche, ce n'est que par le biais d'une analyse historique qu'on comprendra l'« essence » de la justice, c'est-à-dire les lois de son développement, et qu'on sera donc à même de recommander l'avenir de ce développement. Cela dit, le concept de « souveraineté » qui découle de cette analyse nietzschéenne n'est pas l'opposé de la notion moderne, mais en forme plutôt sa *compréhension* et son *dépassement*. Car, par rapport à ses origines, l'histoire de la justice est une histoire de la *spiritualisation* de ces rapports de « dette matérielle ».

Les concept de spiritualisation et d'esprit chez Nietzsche montrent bien dans quel sens sa philosophie surmonte sans cesse une pensée « biologisante »

---

de cette « spiritualisation » de l'homme. C'est pourquoi le portrait de l'individu souverain au début du deuxième essai est un moment capital de l'orientation de l'œuvre dans son ensemble. Nous y revenons au dernier chapitre.

de la vie et de la force pure. Le concept fait pendant
à notre analyse de l'énergétique nietzschéenne, mais il
introduit de manière décisive le rapport crucial entre
énergie et technique et prépare au mieux une compréhension de la disposition énergétique du type « individu souverain ». Dans quel sens la justice est-elle
donc une spiritualisation de la dette matérielle ? Du
fait que, pour Nietzsche, la justice émerge comme
capacité croissante de *ne pas agir immédiatement*.
Une réaction immédiate ne serait qu'un acte de vengeance contre l'individu : plus la justice peut être
différée (dans le temps, par des instances moins indi-
viduelles), plus elle risque d'être juste. Mais cela était
précisément la description, tout à l'heure, de la justice
moderne du faible, de l'homme du ressentiment, de
celui qui ne renonçait pas à la vengeance, au passé !
Les qualités de nos types précédents commencent ici
à se recouper l'une l'autre, confondant les termes par
lesquels Nietzsche pense et le passé et l'avenir de la
métaphysique. Prenons un exemple de cette *spiritualisation* avant d'aborder plus directement la formation
de l'individu souverain.

Nietzsche conclut le premier essai en opposant les
deux valeurs « bon et mauvais » « bien et mal » en
termes de l'opposition entre la culture romaine et
juive. Comme on l'a déjà remarqué, il maintient que
la Judée l'a emporté jusqu'ici sur Rome avec la victoire métaphysico-chrétienne du faible sur le fort, victoire assurée par l'intériorisation des forces qui donne
le sujet moderne. Il est important, donc, que dans le
deuxième essai, à Rome et, à raison, au droit romain,
prédécesseur du droit moderne, soit accordé le privilège d'avoir *spiritualisée* la justice. C'est Rome qui
rend les rapports de dette entre le créancier et le débiteur de plus en plus abstraits, moins liés au corps. Si
la dette n'était pas remboursée,

le créancier pouvait notamment dégrader et torturer de toutes les manières le corps du débiteur, par exemple en couper telle partie qui parût en proportion avec l'importance de la dette : — en raison de cette manière de voir, il y eut partout et de bonne heure des évaluations ayant force de *droit* des divers membres et parties du corps. Je regarde déjà comme un *progrès*, comme la preuve d'une conception juridique plus libre, plus haute, plus *romaine* ce décret des Douze Tables de Rome établissant qu'il était indifférent que dans ce cas les créanciers prissent plus ou moins, « *si plus minusve secuerunt, ne fraude esto* » [« S'ils ont coupé plus ou moins, que cela ne soit pas un crime »].[5]

Ce qui pourrait être considéré comme un acte arbitraire de cruauté ouvre, au contraire, pour Nietzsche, le chemin d'une justice de plus en plus « spirituelle ». Dans cette justice une équivalence matérielle entre la dette et le châtiment est relevée. Dans la justice moderne cette équivalence se prolonge en termes d'un rapport psychique, plus spirituel entre le crime et sa punition. Pourtant pour Nietzsche cette équivalence fait partie d'un « progrès » plus lent vers la capacité d'un créancier et d'une société, envers qui des individus ont des dettes (des criminels), à *ne pas demander de remboursements*. C'est elle qui explique ce passage extraordinaire de Nietzsche où toute typologie d'exclusion a nécessairement disparu :

Si la puissance et la conscience individuelle d'une communauté s'accroissent, le droit pénal toujours s'adoucira ; dès qu'un affaiblissement ou un danger profond se manifestent, aussitôt les formes plus rigoureuses de la pénalité reparaissent. Le « créan-

5. *La Généalogie de la morale*, Deuxième essai, §9, tome 2, p. 809.

cier » s'est toujours humanisé dans la même proportion qu'il s'est enrichi ; en fin de compte, on *mesure*
même sa richesse au nombre des préjudices qu'il
peut supporter sans en souffrir. Il n'est pas impossible de concevoir une société ayant *conscience de
sa puissance* [*Machtbewusstssein*] au point de se
payer le luxe suprême de laisser *impuni* celui qui l'a
lésée. « Que m'importent en somme mes parasites ?
pourrait-elle se dire alors. Qu'ils vivent et qu'ils
prospèrent ; je suis assez forte pour ne pas m'in-
quiéter d'eux ! »... La justice qui a commencé par
dire : « tout peut être racheté, tout doit être racheté », est une justice qui finit par fermer les yeux et
laisser courir celui qui est insolvable, — elle finit,
comme toute chose excellente en ce monde, par
s'abolir elle-même. Cette auto-abolition s'appelle la
grâce, elle demeure le privilège du plus puissant (...)
son « par-delà le droit ».[6]

Il faudra revenir en détail à ce passage et aux
mouvements qu'il dessine au dernier chapitre. Il suffit
de dire ici que la fortitude de Rome qui donne cet
horizon est *une puissance énergétique d'esprit*, puissance qui se trouve *à la fois* dans la Rome et la Judée
du premier essai. Car il rassemble les énergies d'abstraction, particulière au faible, et celles d'oubli, particulier au fort. Cet esprit se traduit par la capacité
de *supporter* de plus en plus, sans en souffrir, des
événements qui viennent de l'extérieur. C'est la capacité de ne pas être touché par l'extérieur tout en trans-
formant cet extérieur : qui caractérise la disposition
énergétique de l'individu souverain. Ce caractère est
donc un *produit tardif* des histoires de l'homme actif
et de l'homme réactif : par là, il rend ces histoires
inséparables l'une de l'autre, confirmant et prolongeant l'une des thèses majeures de ce chapitre : à

6. Id. Deuxième essai, §10, tome 2, p. 816.

savoir que les *dispositions énergétiques se différen-cient les unes des autres sur le même complexe de forces*.

Ce rapport de contrat, à l'origine de la morale entre le créancier et le débiteur, et qui se spiritualise au cours de l'histoire en termes de dette à la société, se base, pour Nietzsche, sur la possibilité de *pro-mettre*. C'est cette capacité au-delà de toute autre qui distingue, énergétiquement, l'homme de l'animal : elle démarque en tant que telle le processus énergé-tique de spiritualisation propre à l'humanisation de l'homme. Cette capacité implique, pour Nietzsche, un désir actif de *ne pas* oublier, une continuité dans le vouloir, ce que Nietzsche appelle « une véritable mémoire de la volonté »[7]. Ce n'est que sur la base d'une telle continuité qu'une promesse peut être tenue et que, donc, tout contrat, de l'économique au poli-tique, mais en tenant compte aussi de la nature contractuelle de rapports religieux et éthiques, est possible.

La promesse forme la base de toute socialité ; en tant que telle, elle constitue une certaine *discipline* de nos forces. Pour qu'il y ait une promesse en tant que mémoire de la volonté, il faut « entre l'originaire « je veux », « je ferai » et la décharge de volonté propre-ment dite, son *acte*, tout un monde de choses nou-velles et étrangères, de circonstances et même d'actes où la volonté peut se placer... sans qu'on doive craindre de rompre cette longue chaîne de volonté »[8]. La promesse, axe de la spiritualisation de la justice, demande la discipline de la volonté pour que l'avenir puisse être disposé. L'humanisation de l'homme pré-suppose qu'il devient nécessaire, prévisible, régulier, qu'il devient *responsable* « pour enfin répondre de sa

7. Id. Deuxième essai, §1, tome 2, p. 804.
8. Id.

personne *en tant* qu'*avenir*, ainsi que le fait celui qui le promet »[9]. Cette discipline de la volonté, sa mémoire, demande que l'homme apprenne à organiser ses forces. La *disposition* des forces dont on a parlé longuement dans la première section de ce chapitre, est en partie un effet de hiérarchisation, d'ordonnancement, en bref de mémorisation. Et cela, *avant* toute distinction ultérieure — culturelle et/ou typologique — entre la décharge immédiate et le renversement de la direction de l'énergie de l'extérieur vers l'intérieur, c'est-à-dire, *avant* toute distinction entre l'homme « actif » et l'homme « réactif ». D'où le fait que la stratégie du faible contre le fort, qui consiste en sa responsabilisation, et dont on a fait grand cas jusqu'ici, n'est en fait qu'un effet de cette mémorisation de forces.

Comment donc, se demande Nietzsche, « à l'homme-animal faire une mémoire ? Comment sur cette intelligence du moment à la fois obtuse et trouble, sur cette incarnation de l'oubli, imprime-t-on quelque chose assez nettement pour que cela demeure présent ? »[10] La réponse c'est la *mnémotechnique* : la mémoire est une technique. Il n'y a aucune promesse sans technicisation et sans ce qui l'accompagne : la socialisation et la régularisation de l'homme. Entre autres choses, ce point montre que l'homme en tant qu'homme est toujours déjà un être social et technique. Le mythe nietzschéen de l'homme fort en dehors de la société est par conséquent bel et bien un phantasme dont l'économie doit être réinscrite dans la complexité du texte nietzschéen pour venir au jour : c'est ce que nous commençons à faire ici. Plus on remonte dans l'histoire, plus il faut brûler sur la surface de l'homme ce dont il faut se souvenir pour qu'il

9. Id.
10. Id. Deuxième essai, §3, tome 2, p. 806.

tienne ses promesses, pour qu'il soit membre de la
société. C'est pour cela, comme le répète plusieurs
fois l'essai, que l'histoire de la moralisation de
l'homme est une histoire cruelle. On voit maintenant
une autre raison pour laquelle on ne peut pas séparer
la pensée du corps, la vie en deux mondes : généalogiquement, la morale est le résultat de la discipline du
corps pour qu'une volonté spécifique domine les
autres instincts du corps. La spiritualisation est une
histoire longue, complexe, *entre* les forces de la technique, du corps, et des affects : son effet c'est la
capacité de la part de l'homme de tenir sa promesse,
d'être responsable.[11]

Pour Nietzsche, donc, — et nous pouvons nous
rappeler ici l'histoire de la conscience comme une
histoire de la spiritualisation des instincts — la raison,
l'empire sur les passions, la morale sont le résultat de
cette lente « évolution » technique et énergétique. *La
constitution d'un animal qui puisse promettre est
l'histoire de l'humanisation comme formation technico-énergétique.*

Or, au bout de cet énorme processus, là où l'arbre
porte enfin ses fruits, où, dit Nietzsche, « la société et
la moralité des mœurs présentent enfin au jour ce
pour quoi elles n'étaient que moyens », apparaît ce
qu'il appelle l' « individu souverain ». Lisons la description de ce processus, sans volonté ni but, de spiritualisation :

> Le fruit le plus mûr de l'arbre est l'*individu souve-
> rain*, l'individu qui n'est semblable qu'à lui-même,
> l'individu affranchi de la moralité des mœurs, l'in-

---

11. L'œuvre de Michel Foucault est peut-être la plus fidèle à ce
mouvement du texte Nietzschéen (voir, par exemple, *Surveiller et
punir. Naissance de la prison*, Gallimard 1975) : elle ne s'intéresse
pas pour autant à la question de la promesse qui l'articule.

dividu autonome et supra-moral [*übersittlich*] (car « autonome » et « moral » s'excluent), bref l'homme à la volonté propre, indépendante et persistante, l'homme qui peut promettre, — celui qui possède en lui-même, dans tous ses muscles, la conscience fière de ce qu'il a atteint par là et de ce qui est devenu son corps, une véritable conscience de la liberté et de la puissance, surtout un sentiment de perfection d'homme. Cet homme affranchi qui *peut* vraiment promettre, ce maître du libre arbitre, ce souverain — comment ne saurait-il pas quelle supériorité lui est ainsi assurée sur tout ce qui ne peut pas promettre et répondre de soi (...) avec ce pouvoir sur lui-même, le pouvoir sur les circonstances, sur la nature et sur toutes les créatures de volonté plus bornée et moins dignes de confiance (...) L'homme « libre », le détenteur d'une durable et indomptable volonté, trouve dans cette possession son *étalon de valeur* : ne se référant qu'à lui-même pour regarder les autres, il vénère ou méprise (...) honorant fatalement (...) ceux auxquels on peut se fier (ceux qui peuvent promettre), — donc chacun de ceux qui promettent en souverain, difficilement, rarement, sans hâte, de ceux qui sont avares de leur confiance (...) qui donnent leur parole comme quelque chose sur quoi on peut tabler, puisqu'il se sent assez fort pour pouvoir la tenir en dépit de tout, même des accidents, même de la « destinée » — ; (...) prêt à chasser les misérables qui promettent, alors que la promesse n'est pas de leur domaine (...). La fière connaissance du privilège extraordinaire de la *responsabilité*, la conscience de cette rare liberté, de cette puissance sur lui-même et sur le destin, a pénétré chez lui jusqu'aux profondeurs les plus intimes, pour passer à l'état d'instinct, d'instinct dominant (...) il l'appelle sa *conscience*.[12]

12. *La Généalogie de la morale*, deuxième essai, §2, tome 2, pp. 804-5.

Il y a trop de ressemblances pour ne pas voir ici la description de ce que Nietzsche ailleurs a appelé le fort : l'autonomie, l'auto-référence de la valeur en est signe. Et pourtant, ce fort ne se tient plus en dehors de la société ni de l'histoire. Il n'est pas hors la loi, comme le fauve de la bête blonde ; il se tient par-dessus la loi : *il a traversé la loi et l'a surmontée.* C'est dans ce sens qu'il est supra-moral, ni immoral ni a-moral : pour parler dans les termes du premier chapitre, il est « ultra-moral ». Cette ultra-moralité n'est pas la destruction irrationnelle de la loi ; elle en est sa relève (dans un sens presque hégélien[13]). C'est toute la différence entre le fort du guerrier noble guerrier et le fort dont parle Nietzsche ici. Ce fort est le fruit *tardif* de la spiritualisation de la loi.[14] Son autonomie c'est le fait qu'il peut tenir ses promesses en dépit des événements qui viennent de l'extérieur : si son énergie vient de l'intérieur vers l'extérieur, c'est une énergie *disciplinée* par l'histoire du rapport entre l'extérieur et l'intérieur, par la répétition technique.

Dans ce sens, il peut être considéré d'abord comme le fruit de la lutte entre Rome et la Judée, profitant des deux. Car sa capacité à tenir sa volonté dans le devenir sans le trahir ni en souffrir est l'incor-

13. Pour Hegel, la relève (traduction aujourd'hui courante du terme allemand *Aufhebung*, surtout après les travaux philosophiques de Jacques Derrida) d'un terme implique sa négation, sa conservation, et donc sa transposition en une nouvelle façon d'être. On a souvent opposé Nietzsche à Hegel, ou inversement : l'opposition sous-estime gravement le mouvement nietzschéen de spiritualisation.

14. Cette notion de l'homme fort — la manière la plus intéressante de situer le surhomme nietzschéen (qu'on reprendra au prochain chapitre) — est donc un concept historique, non pas un mythème : il marque l'aboutissement de la civilisation et non l'effet énergétique d'une régression en dehors de l'histoire.

poration même des fruits de l'intériorisation, d'un
coté, et de la capacité à décharger, de l'autre. Qu'il
tienne ses promesses veut dire qu'il ne décharge pas
immédiatement, mais qu'il décharge quand même. On
vient de dire que cet homme est le fruit de la lutte
entre Rome et la Judée, mais dans un autre sens, en
surmontant leur différence, il montre à la fois que la
différence ne tient pas — que pour être homme, pour
promettre, il faut *toujours déjà* être régularisé, qu'on
n'échappe pas au sort du faible, et que ce sort même
est la *condition* d'être fort. Voilà le vrai renversement
du renversement juif de l'évaluation aristocrate —
une histoire technico-énergétique de l'homme qui promet révèle qu'on ne peut pas séparer les deux types
et que, donc, le passage d'une évaluation à l'autre
s'explique par le fait que c'est la *même* histoire et que
le type fort de la bête fauve est un phantasme absolu.

Le plus grand signe en est que l'individu souverain maintient le privilège de la responsabilité alors
que dans le premier essai, comme nous l'avons souvent remarqué, la responsabilité relève de la séparation entre un sujet et ses prédicats (l'oiseau de proie
doit être responsable d'être oiseau de proie), scission
opérée par la stratégie du faible. Or, ce passage
montre bien que cette stratégie ne devient celle du
faible que si on reste rivé à la stratégie en tant que
telle. La vraie responsabilité tient à la volonté persistante, elle a de l'ascétique, *mais,* contre l'ascétisme
du prêtre et de l'homme du ressentiment, *la mémoire
est devenue instinct.* Le fort n'est pas celui dont les
instincts se tiennent en dehors de la société et de
l'histoire, dans une régression à une origine mythique.
Recoupant l'homme actif et l'histoire de l'intériorisation de l'homme réactif, sa maîtrise sur les événements n'est pas une maîtrise conceptuelle, dans un
système qui les précède, mais une maîtrise qui les
intériorise de telle manière qu'ils peuvent être

relancés dans leur devenir même. C'est dans ce sens, il faut y revenir, que *la conscience est devenue instinct chez l'individu souverain*. On va maintenant voir que l'individu souverain libère par là *le temps*.

Chapitre 3

Temps et Énergie : Réévaluations

Nous venons de voir dans quel sens une réévaluation des valeurs métaphysiques se dégage de la manière généalogique dont Nietzsche détruit ces valeurs. La généalogie libère les termes d'une « énergétique générale » de forces qui, au pis, se réduit chez Nietzsche à une philosophie statique de la force, et, au mieux, rassemble force et histoire dans une analyse de l'« esprit » et de la « spiritualisation », analyse qui donne lieu à un nouvel accès à la morale en termes énergétiques, ou, pour être plus clair, technico-énergétiques. Or, cet accès consiste à la fois en une pensée et en une éthique du temps : la fidélité au devenir et à la complexité de la vie lance une philosophie de la force qui se traduit en termes de temporalité. C'est ce rapport entre force et temps, énergie et temps qui structure les notions par lesquelles Nietzsche réévalue la disposition énergétique issue de la destruction de la métaphysique. Elles marquent toutes la manière dont une réorganisation de la disposition de nos forces *libère le temps, donne son « à-venir »*. La généalogie, donc, ne nous rend pas sim-

plement le temps, après sa dénégation métaphysique,
en parcourant l'historicité de notre pensée. En suivant
le cours de l'histoire, elle fait du temps, et de la dona-
tion du temps, *un enjeu éthique de premier ordre*.

Dans le processus même par lequel elle retrace
l'aspect temporel (historique) de nos concepts, la
généalogie *ouvre* le temps, elle tourne nos forces du
passé vers l'avenir. Ce point, presque paradoxal et
malheureusement souvent mésestimé, est important
pour la lecture que nous proposons, et qui nous paraît
être la plus fructueuse et la plus respectueuse, de la
philosophie nietzschéenne. Pour Nietzsche, plus on
remonte au passé de notre pensée, plus on est saisi de
modestie en ce qui concerne notre place dans l'uni-
vers. Plus on est modeste, moins on verse dans l'enthousiasme (dont le fanatisme religieux est un
exemple). Et, énergétiquement, moins on est enthou-
siaste (dans le sens de l'effusion), plus on est capable
d'*assumer* la complexité, et d'*affirmer* son inscription
dans cette complexité. Ce qui est en jeu, par conséquent, serait par le biais d'une historicisation de l'humain, une transformation de notre disposition
affective, une *incarnation* de notre conscience historique. C'est dans ce sens que l'énergétique
nietzschéenne, loin au-delà de son dit « irrationalisme », constitue une véritable éthique du temps. Dans
sa description du souverain individu (cf. chapitre précédent) Nietzsche a appelé cette éthique « l'ascétisme » : nous continuons ici à creuser son sens.

Ce chapitre développe l'aspect temporel de l'énergétique dans l'horizon de cette nouvelle éthique du
temps en analysant les trois grandes réévaluations
nietzschéennes : l'« éternel retour du même », le
« surhomme » et la « volonté de puissance ». Il le fera
tout en marquant, pourtant, comment ce que nous
avons appelé l'« ambiguïté nietzschéenne » affleure
dans ces notions *au moment* où le rapport *entre* temps

et énergie s'efface. Comme on le verra — et c'est à maints égards ce qu'on a déjà vu au chapitre précédent au sujet du rapport entre force et histoire — c'est dans cette séparation que l'éthique du temps qu'impliquent ces réévaluations se renverse dans une ontologie de force « irrationnelle ». A la lumière de ce déploiement nous serons prêts au chapitre suivant à retourner à la figure de l'« individu souverain » pour confirmer que l'aspect le plus intéressant de ces réévaluations nietzschéennes se trouve dans la complexité des rapports tracés entre histoire, énergie et temps.

1. L'éternel retour du même

Commençons par ce que Nietzsche appelle vers la fin du *Gai savoir* « le poids le plus formidable ».

> *Le poids le plus formidable.* — Que serait-ce si, de jour ou de nuit, un démon te suivait une fois dans la plus solitaire de tes solitudes et te disait : « Cette vie, telle que tu la vis actuellement, telle que tu l'as vécue, il faudra que tu la revives encore une fois, et une quantité innombrable de fois ; et il n'y aura en elle rien de nouveau, au contraire ! il faut que chaque douleur et chaque joie, chaque pensée et chaque soupir, tout l'infiniment grand et l'infiniment petit de ta vie reviennent pour toi, et tout cela dans la même suite et le même ordre — et aussi cette araignée et ce clair de lune entre les arbres, et aussi cet instant et moi-même. L'éternel sablier de l'existence sera retourné toujours à nouveau — et toi avec lui, poussière des poussières ! » (...) Si cette pensée prenait de la force sur toi, tel que tu es, elle te transformerait peut-être, mais peut-être t'anéantirait-elle aussi ; la question « veux-tu cela encore une fois et une quantité innombrable de

fois ? », cette question, en tout et pour tout, pèserait
sur toutes tes actions d'un poids formidable ! Ou
alors combien il te faudrait aimer la vie, combien il
faudrait que tu t'aimes toi-même, pour ne plus *dési-
rer autre chose* que cette suprême et éternelle
confirmation.[1]

L'idée que toute chose se répète de manière
cyclique à travers le temps s'appelle chez Nietzsche
l'« éternel retour du même ». Sa pensée ainsi que la
croyance à ce retour pourraient nous tenter à traiter
la réévaluation nietzschéenne de la métaphysique de
« pancyclisme ». Après le renversement du temps
suite à la dissolution de la catégorie de « causalité »,
le temps et les événements qui l'accompagnent trace-
raient, pour Nietzsche, un cercle. La destruction de la
dénégation métaphysique du temps nous ramènerait
par conséquent à une cosmologie sans différences
temporelles. Or, la petitesse d'une telle interprétation
cosmologique après notre déploiement de la généalogie énergétique devrait nous inviter à interpréter cette
idée moins littéralement, selon le lien, en fait, entre
force et temps. Ce sera notre première tentative de
montrer l'inséparabilité de ces deux « concepts ».

Une clef à cette lecture se trouve dans la notion
de « poids » que connote plus haut l'idée de la cycli-
cité du temps. Nietzsche se demande si l'humanité de
ses jours est assez forte pour porter le temps s'il ne
lui donne aucun issue, c'est-à-dire *si le temps ne lui
présente aucun horizon a-temporel* (comme celui de
la Rédemption dans la théologie chrétienne). Il se
demande si l'humain a l'énergie, ou s'il dispose de
cette énergie assez bien, pour qu'il puisse vivre le
temps sans fin, dans sa finitude essentielle. Autrement
dit, après la mort de Dieu la question des forces de

---

1. *Le Gai Savoir*, livre 4, §341, tome II, p. 202.

l'être humain serait celle de la force qu'il lui faut pour aborder le temps *comme* temps. A la lumière de cette lecture, l'idée de l'éternel retour du même est moins une théorie du temps qui serait au-delà de la dénégation métaphysique du temps (ce qui serait d'ailleurs faux) qu'*une épreuve, un essai de nos propres forces en ce qui concerne la finitude du temps*. Il faudrait passer par le poids d'une telle pensée (la répétition pure) pour affirmer le *devenir* du temps (la répétition du nouveau). Un aphorisme dans le même livre du *Gai savoir* tend à confirmer cette interprétation :

> *Excelsior* ! — Tu ne prieras jamais, tu n'adoreras plus jamais, plus jamais tu ne te reposeras en une confiance illimitée (...) il n'y aura plus pour toi de rémunérateur, de correcteur de dernière main. Tu te défendras contre une paix dernière, tu voudras l'éternel retour de la guerre et de la paix : — homme du renoncement, voudras-tu renoncer à tout cela ? Qui t'en donnera la force ? Personne encore n'a jamais eu cette force ! » — Il existe un lac qui un jour se refusa à s'écouler et qui projeta une digue à l'endroit où jusque-là il s'écoulait : depuis lors le niveau de ce lac s'élève toujours davantage. Peut-être ce renoncement nous prêtera-t-il justement la force qui nous permettra de supporter le renoncement même ; peut-être l'homme s'élèvera-t-il toujours davantage à partir du moment où il ne *s'écoulera* plus dans le sein d'un dieu.[2]

Considérer sa propre vie ainsi que toute l'histoire du monde comme une répétition pure des mêmes événements — quelles que soient leurs différences de forme — est une *évaluation* du monde. L'enjeu d'une telle évaluation n'est pas de parler vrai ; elle sert, plu-

2. Idem. §285, p. 170.

tôt, à préparer une nouvelle disposition de forces. Allant à l'encontre de celle de l'homme du ressentiment qui a besoin d'un dieu pour faire face au monde, cette évaluation établit un étalon à l'aune duquel on se mesure devant la finitude du temps. Évaluer, d'un côté, le monde sous une lumière qui ne lui donne qu'un aspect répétitif, mais être capable, de l'autre côté, d'affirmer la vie, c'est-à-dire de *diriger ses forces vers l'extérieur*, est signe de la force nécessaire pour penser et agir dans un monde sans un dieu, sans un Père. C'est cela le « renoncement » dont parle Nietzsche plus haut.

Or, pour ne répéter ni le besoin ni le rôle de « dieu » dans la disposition énergétique que prépare l'idée de l'éternel retour du même, il faut que cette force *provienne de l'homme lui-même*. On voit bien pourquoi. L'homme doit renoncer lui-même à son besoin d'un dieu pour ne pas répéter dans le geste même du renoncement le besoin auquel c'était la fonction de « Dieu » de répondre.

Comment ce renoncement est-il possible sans référence à une instance extérieure ? Nous avons tout fait jusqu'ici, en élaborant l'« énergétique » de la philosophie nietzschéenne, pour voir comment Nietzsche doit en principe répondre à ce genre de question. Du fait que la force serait toujours en devenir et en organisation, il s'agirait dans ce renoncement du *passage* d'une disposition de force à une autre. Ce passage se fait au cours même de l'acte de renoncement ; c'est-à-dire, c'est un passage énergétique. Nietzsche le dit lui-même dans le paragraphe cité : la disposition qui assume un monde sans dieu ne peut venir que *du renoncement même à un dieu dans le monde*. C'est la force libérée par le renoncement à l'écoulement de la force « dans le sein d'un dieu » qui nous donnera (peut-être) la force d'épouser le temps et devenir autre. L'idée de « l'éternel retour du même » est donc bel et bien une question de disposition des forces : ce qui est strictement fidèle à l'énergétique dégagée des deux chapitres précédents. Notre thèse que la réévaluation nietzschéenne découle de manière immanente de la destruction de la métaphysique se voit confirmée donc de nouveau. Le point s'avère ici capital.

L'idée de l'éternel retour a souvent été considérée comme une « doctrine », apprise par le prophète Zarathoustra dans *Ainsi parlait Zarathoustra* (1883-5) (« doctrine » est le mot même de l'œuvre) dont le contenu (le « surhomme ») est à prescrire aux hommes s'ils veulent surmonter le nihilisme moderne. Ce que nous venons de dire montre pourtant que « l'éternel retour du même » n'est point une doctrine dans le sens d'un enseignement à donner, avec ses maîtres et ses disciples, ses règles et ses institutions (comme Moïse le donne au peuple juif en descendant de la montagne ou Christ à ses disciples sur le mont des Oliviers). En dépit des apparences (le fait que Zarathoustra parle de sa doctrine comme de nouvelles Tables de la loi qu'il veut apporter aux vallées) dans la doctrine de l'éternel retour du même, *il n'y a rien à enseigner ni donc à apprendre*. Car si, précisément, le renoncement doit venir de l'homme lui-même, l'autre qui vient après ce renoncement (celui qui *aura fait* le deuil du sein d'un dieu) est celui qui aura assumé la finitude du temps. Et *cet autre se créera énergétiquement dans le processus même de la réorientation de ses forces*. L'éternel retour n'annonce donc qu'une nouvelle disposition énergétique, signalant que les forces à disposer sont celles mêmes contre lesquelles la doctrine s'annonce (c'est pour cela que Zarathoustra attend toujours sa descente). Elle n'est dans ce sens, de nouveau, rien de moins qu'une réévaluation de notre rapport au temps qui prend racine dans une généalogie énergétique de la métaphysique.

Renversons maintenant la perspective pour préciser comment cette question de forces se traduit par un nouveau rapport au temps. Ce sera la deuxième occasion de montrer l'inséparabilité de la force et du temps dans cette réévaluation, celle qui donnera sur la question éthique de l'avenir.

Dans l'œuvre *Ainsi parlait Zarathoustra*, Zarathoustra s'avance comme prophète de l'éternel retour. Après avoir annoncé la mort de Dieu au début du livre, Zarathoustra passe toute sa vie à méditer, en plusieurs endroits — seul avec ses animaux, dans la communauté humaine, ou entouré de ses soi-disant disciples — le passage entre ce que Nietzsche appelle le « dernier » homme et l'avenir de l'homme, le « surhomme ». Le « dernier homme » est celui qui n'arrive pas à faire le deuil de Dieu, celui, par exemple, qui ne voit dans un monde sans Dieu que du chaos et du non-sens ; le « surhomme » est celui, comme on vient de le dire, qui en aura *déjà* fait le deuil, qui aura déjà assumé le devenir dans toute son innocence. La doctrine de l'éternel retour ainsi que son prophète servent dans ce livre de pont entre ces deux figures sans être un passage déterminé. Or, c'est aux chapitres « De la rédemption » (livre II) et « De la vision et de l'énigme » (livre III) que l'éternel retour se fait comprendre en termes explicites d'un remaniement de notre rapport au temps.[3]

Dans « De la rédemption » Zarathoustra maintient que l'affirmation de la vie que connote l'assomption de l'éternel retour du même serait *une affirmation du passé tel qu'il s'est passé*. L'affirmation implique « transformer tout « ce qui était » en « ainsi ai-je

---

3. Ce qui suit doit beaucoup à la lecture que Heidegger fait de Nietzsche dans son *Qu'appelle-t-on penser ?* (trad. G. Granel, PUF, 1959) ; nous nous tenons, toutefois, à distance de sa réduction du concept de « volonté » à la métaphysique.

voulu que ce fût ». Si, pour Zarathoustra, « c'est cela seulement que j'appellerai rédemption », cette dernière serait selon lui presque le contraire de la Rédemption chrétienne. Transposons ici en termes temporels la disposition énergétique de l'homme du ressentiment déployé au chapitre précédent. On se rappelle que cet homme dit toujours « non » à ce qui arrive, cherchant pour tout événement une cause qui le précède et dont le meilleur exemple serait la situation psychique du péché originel selon lequel tout ce qui arrive à un homme, qui tourne mal, est *sa propre faute*. Ce rapport aux événements escamoterait le devenir et réduirait à une échelle trop humaine la complexité des rapports que les événements entretiendraient les uns avec les autres. Dans ce chapitre d'*Ainsi parlait Zarathoustra*, Zarathoustra suggère que la disposition énergétique du ressentiment découle de la disposition de notre *volonté*. Il dit : « la volonté ne peut pas vouloir agir en arrière ; ne pas briser le temps et le désir du temps — c'est là la plus solitaire affliction de la volonté. »[4] Notre volonté, telle au moins qu'elle s'est formée jusqu'ici, se porte contre le temps ; le désir, celui par lequel nous avons commencé ce livre, de séparer la vie en deux s'avère être un désir contre le temps, contre son écoulement. C'est ce qui marque, jusqu'ici, le propre de l'homme. « Que le temps ne recule pas, c'est la colère de la volonté ; "ce qui fut" — ainsi s'appelle la pierre que la volonté ne peut soulever. »[5] Cette colère s'exprime, pour Zarathoustra, par « l'esprit de vengeance ».

Au chapitre précédent, cet esprit marquait l'homme du ressentiment : son incapacité à renoncer au passé et à *oublier*. Ici, c'est par la faiblesse absolue qui structure le rapport entre la volonté et les

---

4. *Ainsi parlait Zarathoustra*, tome II, p. 393.
5. Idem.

événements (qui sont) passés que la vengeance est
considérée dans son rapport au temps. Cette passion
est pensée moins en termes de la volonté de punir
pour dédommager le crime de l'offenseur qu'en
termes de la répulsion de la volonté contre le temps
et son « il fut ». Le désir de l'esprit de vengeance est
d'abolir le temps, et ce désir, pour Zarathoustra, se
traduit dans l'idée même du *châtiment*. C'est-à-dire
par incapacité d'oublier, d'assumer le temps comme
ce qui passe, la volonté répète le passé *comme* châtiment. C'est pourquoi tout acte de vengeance serait au
fond une question de notre rapport au temps. On
devrait se rappeler ici le paragraphe de *La Généalogie
de la morale* où une notion de communauté juste est
anticipée, où les crimes ne seraient plus punis, au
moment où la justice s'auto-abolirait, se trouvant, par
là, par delà la loi. A l'encontre de cet oubli de temps
(la justice de ce qui deviendra le surhomme), l'esprit
de vengeance est celui qui répète le temps. Pour lui,
une action appelle son châtiment et le châtiment doit
rappeler l'action. C'était le cercle d'échange duquel la
conception romaine de la justice dans *La Généalogie
de la morale* a libéré l'humanité. On voit maintenant
que ces actes tournent en fait dans un cercle temporel
à travers lequel l'avenir n'arrive pas à percer. A l'extrême, pour Zarathoustra, et certes pour Nietzsche
aussi (étant donné le rapport que nous venons de tis-
ser entre les paroles du premier et l'analyse de Rome
du dernier dans la *Généalogie)*, cette répétition abolit
le temps *comme* péché originel : le sens et l'orientation d'un événement sont toujours déjà décidés. Le
« non » de l'homme du ressentiment (sa force néga-
tive par rapport à l'extérieur) serait donc vu comme
une véritable chasse au temps. Par l'esprit de vengeance, rien n'arrive ; et cela, du fait que sa volonté
n'accepte pas le temps.

Pour bien voir la distinction entre la Rédemption

chrétienne du temps et celle à laquelle pense Zarathoustra, il faut donc clairement distinguer la répétition de l'éternel retour du même, ainsi que la volonté
qui y fait pendant, de celles des hommes de ressentiment et de vengeance. Or, si la doctrine de l'éternel
retour se définit par la capacité de l'homme à assumer
le temps, elle anticipe une volonté qui se délivre du
temps *parce qu'*elle assume son devenir, et par cette
assomption du devenir, le temps « s'auto-abolirait ».
Le paradoxe est clair : en assumant le temps, on s'en
délivre ; en refusant son devenir, on y est condamné
(c'est la névrose de l'homme du ressentiment : obsédé
par le temps il ne peut que vouloir s'y dérober). Une
volonté qui laisse par conséquent le temps s'écouler
réoriente son énergie *depuis le sein d'un dieu* (un
« horizon a-temporel » fictif) *vers l'avenir*, se trans-
formant par cette réorientation même, et devenant par
là prête énergétiquement à *affirmer* le temps en tant
que devenir.

Ici la question de la force et la question du temps
sont devenues chez Nietzsche la même. Par son analyse « temporelle » de l'esprit de vengeance Zarathoustra a laissé suggérer que répéter le temps de
manière à l'accueillir, et non pas le désavouer, libère
l'avenir *en tant qu'avenir*, en tant que ce qui vient.
Affirmer le « il fut » du temps laisse venir l'à-venir
de l'avenir, rendant le temps *moins* répétitif que toute
doctrine qui veut échapper au temps. Accepter cet
aspect irrémédiable du temps veut dire par conséquent
laisser venir le nouveau. L'éternel retour du même est
une doctrine paradoxale de la répétition où le « retour » du temps (son aspect irrémédiable) amène le
nouveau. Quoique Zarathoustra n'en parle pas de
manière explicite dans ce chapitre, c'est dans cette
délivrance paradoxale de l'aspect irrémédiable du
temps que la volonté se transforme elle-même en
volonté de l'avenir — qu'elle devient autre, plus

accrochée au passé, qu'elle « s'auto-abolit » (le terme est juste si, précisément, c'est jusqu'ici, selon Zarathoustra, le propre de la volonté de se porter *contre* le temps). C'est dans le chapitre ultérieur « De la vision et de l'énigme » que ce paradoxe de l'éternel retour du même en ce qui concerne la répétition et la volonté se précise dans une confrontation entre Zarathoustra, un nain et un berger. On finira par là notre analyse de l'éternel retour.

Zarathoustra y raconte une vision dans laquelle il grimpe un sentier de montagne avec un nain et un berger. Le nain s'appelle « l'esprit de la lourdeur » et, comme celui de la vengeance, n'arrive pas à faire le deuil de Dieu, à rendre les choses à leur devenir. Le nain saute de ses épaules à l'endroit où se trouve un portique, des deux cotés desquels s'étendent à l'infini deux chemins qui se butent l'un contre l'autre. Le portique s'appelle « *Augenblick* » (moment, ou littéralement en allemand « coup d'œil »). Ce moment divise deux manières de voir le temps comme répétition, deux « éternités » : celle de celui qui veut boucler le temps en cercle retournant sans cesse la volonté à son remords pour le passé du temps ; et celle qui en assumant le temps le répète de manière à délivrer la volonté du passé. Ce sont les deux notions de répétition que nous avons déployées jusqu'ici. Ce coup d'œil, Nietzsche l'appelle ailleurs « le grand midi », moment qui divise le mouvement du jour en deux.

Dans notre perspective, ce « moment » traduit moins un moment dans le sens d'un instant temporel qu'il « signe » le passage de la disposition énergétique du dernier homme à celle du surhomme, passage dont les termes, nous l'avons vu, se définissent en termes du rapport humain au temps. La deuxième vision qui suit, celle du portique, annonce ce passage dans une parabole. Après celui de la mort de Dieu, c'est l'un des passages les plus frappants de l'œuvre de Nietzsche. Zarathoustra voit un jeune berger, râlant et convulsé. Hors de sa bouche pend un lourd serpent noir. Le berger représente la métaphysique qui agonise, et le serpent le nihilisme qui le tue. Tirant en vain sur le serpent, Zarathoustra crie au berger de le mordre. Nietzsche conclut : « Le berger cependant se mit à mordre comme mon cri le lui conseillait, il mordit d'un bon coup de dent ! Il cracha loin de lui la tête du serpent : — et il bondit sur ses jambes. — Il n'était plus ni homme ni berger, — il était transformé, rayonnant, il *riait*. Jamais encore je ne vis quelqu'un rire comme *lui* ! »[6]

L'assomption du passé *comme* passé devient ici, précisément, un « oui » à l'avenir dont les signes dans la parabole sont la *danse* et le *rire*. Ce « oui » au passé est un « oui » à la vie comme quelque chose qui devient, qui passe. C'est ce que Nietzsche appelle ailleurs « *l'amor fati* », littéralement l'amour du destin, c'est-à-dire, en nos termes, l'amour du « il fut » du temps. Cet amour, terme à reprendre plus tard, ouvre ce que Nietzsche appelle un « oui-dire » *(ein Ja-sagen)* qui, à l'encontre de l'esprit de ressentiment, de vengeance et/ou de lourdeur, *réoriente la volonté vers l'inconnu*, vers les événements qui arrivent sans que cette volonté se défende contre eux, leur dise « non » et en veuille au passage du temps. Nous en sommes venus à l'attitude énergétique anticipée sans plus par la citation plus haut sur le renoncement : *la danse et le rire marquent, chez Nietzsche, de manière temporelle et énergétique l'accomplissement du deuil de la mort de Dieu*. Délivré du temps, ayant *déjà* accepté sa finitude, l'être humain, tel qu'on l'a connu jusqu'ici, *s'auto-abolit*. Chez Nietzsche cette auto-

6. Idem. Livre III, tome 2, p. 407.

abolition de l'homme s'appelle le « surhomme » *(der Übermensch).*

2. Le surhomme

Le « surhomme » est donc l'homme qui aura assumé sa finitude. C'est celui qui aura une disposition de forces qui vient de l'intérieur de lui-même. Une telle disposition, en assumant le passage du temps, accorde au temps son devenir et libère par là l'avenir. Le surhomme n'est donc pas un type dont les traits sont prescrits, formant un avenir (un horizon temporel) déterminé pour le comportement éthique et politique de l'humanité. Si la doctrine de l'éternel retour du même annonce le surhomme en termes temporels et énergétiques, elle ne peut pas faire plus, sans faire de cet avenir un nouveau dieu sur lequel nous comptons et en fonction duquel nous nous orientons. Cela serait un contresens pour l'idée même que le surhomme incarne : nous sombrerions de nouveau dans la métaphysique, dans le sein d'un dieu — celui, cette fois-ci du surhomme.

C'est pourquoi, nous semble-t-il, Nietzsche ne peut pas dire grand chose sur cet homme qui rit et danse. Car cet homme n'est pas encore venu, il est notre avenir même : d'où la forme parabolique du passage cité plus haut. Tout ce qu'on peut dire c'est que son rire et sa danse symbolisent l'innocence d'un nouveau rapport au temps, une fois que la volonté du dernier homme se sera retirée du passé.

C'est pourquoi nous avons insisté si longuement dans ce chapitre sur la doctrine de l'éternel retour, essayant de faire comprendre que ce n'est que dans le cadre de cette doctrine que la réévaluation du surhomme se situe. Son rire et sa danse représentent, autrement dit, un avenir à la force duquel nous nous préparons toujours. *Comme lui, ils viendront de cette préparation même.* Et c'est pourquoi dans *Ainsi parlait Zarathoustra,* Zarathoustra ne se considère que comme « prophète » du surhomme, de celui qui vient. De même que sa doctrine de l'éternel retour n'est pas un enseignement spécifique, cette prophétie est indéterminée, un « pont ». En tant que « pont », Zarathoustra ne sait pas ce que sera cet avenir, mais il sait au moins que la délivrance du temps (comme quelque chose dont, précisément, il ne faut pas se délivrer) ainsi que le réaménagement de forces qui l'accompagne (le renoncement) donnera suite à la danse et au rire. Si cette danse et ce rire ne peuvent pas être plus déterminés, si le surhomme comme avenir vient de l'autre côté d'une transformation énergétique que nous visons toujours, nous ne pouvons viser cette transformation, selon Nietzsche — c'est le fameux passage — qu'*en développant notre temporalité de manière historique et affective, c'est-à-dire de manière ascétique.* Le surhomme sera donc l'être qui aura si bien assumé cette finitude que, loin d'être simplement un objet de conscience (du « hélas, nous sommes sans Dieu... » du dernier homme au « oui, il faut assumer notre finitude » de Zarathoustra lui-même), *elle sera devenue son « instinct »* .

Loin de simplement ne plus vouloir laisser écouler ses forces dans le sein d'un dieu, cet homme ne sera plus capable de le faire : il sera énergétiquement autre, l'homme tel que nous le connaissons se sera auto-aboli. Quant à nous, pourtant, qui nous préparons toujours pour que la transformation ait lieu, il faut continuer à pratiquer notre temporalité essentielle. Sinon, ce que nous visons ne deviendra jamais notre « instinct » et nous serons condamnés à en parler en termes aussi paraboliques que ceux de Nietzsche.

Nous avons avancé tous ces points pour dire qu'il faut comprendre la notion nietzschéenne de surhomme *historiquement*. De même que son concept se dégage de la généalogie de la métaphysique, de même il prépare un avenir dont le *cadre* est devenu clair à un certain moment de l'histoire, mais dont les *traits* seront à inventer au fur et à mesure que nous nous avançons dans cette histoire, que nous assumons notre finitude. Selon la philosophie de Nietzsche, on en est toujours loin.

Nous avons dit que le surhomme, pour être ce qu'il est, viendra de la transformation même du renoncement à un dieu. A la question nietzschéenne « D'où viendra-t-elle la force pour assumer ce renoncement ? », nous avons répondu avec Nietzsche qu'elle vient du développement au cours du temps de notre temporalité essentielle : le « où » émerge de l'avenir même de ce processus, dans un « après coup » temporel que nous ne pouvons pas court-circuiter. Chez Nietzsche, ce développement s'appelle « se surmonter » *(sich überwinden)* ; dans *Ainsi parlait Zarathoustra* il est la condition préalable à l'auto-abolition de l'homme. Or, c'est justement ici au sein de la réévaluation nommée « surhomme » que les choses redeviennent extrêmement ambiguës, permettant les dérapages qu'on a signalés plusieurs fois au cours de ce livre. Terminons cette section sur la réapparition de cette ambiguïté. On verra vite qu'elle était en fait toujours là.

On se rappelle que le passage d'où est tirée la question de la provenance de la force comparait le passage de la mort de Dieu à l'accomplissement de son deuil à un lac qui, refusant de s'écouler, s'élevait toujours davantage. De même que le lac réorientait ses propres flux d'eau, de même ce que nous avons appelé depuis le surhomme émerge du refus de s'écouler dans le sein d'un dieu. Pour que le lac puisse réorienter ses forces, il a besoin d'une digue. A plusieurs reprises, Nietzsche « oublie » la traduction énergétique de cette digue — une traduction qui, encore une fois, demande un travail long sur notre finitude (qui comprend justement la technique) — pour parler du passage entre l'homme et le surhomme exclusivement en termes de volonté. Comme si, donc, la volonté était *déjà là*, alors qu'elle se forme *au cours même du renoncement*. C'est dans ce geste que Nietzsche fait des doctrines de l'éternel retour et du surhomme une doctrine de la volonté : le surhomme est celui qui a une volonté forte et qui se surmonte *parce qu*'il a cette volonté. Dans ce geste Nietzsche comble l'ouverture à l'extérieur qui définit précisément le rapport entre l'organisme humain et les événements qui l'intéressaient dès le début. Ce faisant, il répète la logique métaphysique de la volonté à laquelle, comme nous avons insisté tout au long du premier chapitre, il voulait précisément échapper. Citons trois passages pour montrer le glissement :

> Les hommes les plus spirituels étant les plus forts, trouvent leur bonheur là où d'autres périraient : dans le labyrinthe, dans la dureté envers soi-même et les autres, dans l'épreuve ; leur joie, c'est de se vaincre soi-même : chez eux, l'ascétisme devient nature, besoin, instinct. — Ils sont la classe d'hommes la plus respectable et cela n'exclut pas qu'ils soient en même temps la plus joyeuse et la plus aimable. Ils règnent non parce qu'ils *veulent* *(je souligne : R. B.)* régner mais parce qu'ils *sont*.[7]

> Je ne pose pas ici ce problème : qu'est-ce qui doit remplacer l'humanité dans l'échelle des êtres (— l'homme est une *fin* —) ? Mais quel type d'homme doit-on *élever*, doit-on *vouloir*, quel type aura la plus grande valeur, sera le plus digne de

---

7. *L'Antéchrist*, §57, tome 2, p. 1096.

vivre, le plus certain d'un avenir ? Ce type de
valeur supérieure s'est déjà vu souvent : mais
comme un hasard, une exception, jamais comme
type *voulu*.[8]

Notre Europe moderne, théâtre d'une tentative
stupidement brusquée de mélanger radicalement les
classes, donc les races, est, de ce fait, sceptique de
haut en bas (...). Paralysie de la volonté : où ne
trouve-t-on pas aujourd'hui cette infirmité ! (...) Je
souhaite que (...) l'Europe *doive se résoudre (je
souligne : R. B.)* au moyen d'une nouvelle caste qui
régnerait sur elle, à se forger une *volonté unique*,
une volonté terrible et durable, qui serait capable de
s'assigner des buts pour des millénaires : ainsi l'Europe mettrait-elle enfin un terme à la comédie, qui n'a
que trop duré, de sa division en petits états et de ses
velléités divergentes, dynastiques ou démocratique.
Le temps de la petite politique est passé : le siècle prochain amènera la lutte pour la domination universelle
— l'*obligation* d'une grande politique.[9]

De la fortitude comme spiritualité nous passons
peu à peu à la fortitude comme force pure. L'ambiguïté que nous avons analysée au deuxième chapitre
en termes de « force » se résout maintenant en termes
de « volonté ». Alors que l'avenir de l'homme au
premier paragraphe est pensé comme effet d'un long
processus de spiritualisation au cours duquel la
volonté est située comme produit historique (reprise
de Cornaro) — analyse qui ne détermine pas par
conséquent l'avenir au delà de sa description du spirituel (c'est ce qui vient) — ces deux derniers passages situent l'avenir de l'homme en termes d'effort,
de volonté, d'horizon voulu. Soyons clair ici : le
premier paragraphe, comme nos expositions plus haut

8. Idem. §3, p. 1042.
9. *Par-delà bien et mal*, §208, tome 2, p. 657.

de l'éternel retour et du surhomme, a besoin du concept de volonté, *mais il n'oriente pas l'analyse en tant que telle*. Dans le contexte de ce paragraphe, on pourrait dire que le moment entre l'homme et le surhomme est un long passage de formation qui prend racine dans plusieurs forces dont la volonté fait partie, mais dont elle n'est ni la source ni le sujet. Dans les deux autres passages, le passage est devenu pourtant une décision, une résolution. Dans cette décision, *le devenir est soumis à la volonté*. Or, une telle soumission télescope le temps de formation de la volonté et réduit, comme Nietzsche nous l'a si bien appris, la complexité des forces qui constituent le mouvement et la tension de la vie. Le résultat est que le surhomme n'est plus un horizon indéterminé, mais constitue un type structurant à « l'avant-garde » du mouvement de l'histoire, des doctrines d'une volonté unique, des races, et d'« une grande politique ». Cette grande politique, celle du grand midi comme instant de décision plutôt que comme passage énergétique, donne la mort à l'inconnu qu'est l'avenir.

Que l'analyse des forces se résolve en celle de la « volonté », permettant cette ambivalence fondamentale, répète bien sûr l'ambivalence du chapitre précédent : à une différence près néanmoins — tout est question ici du rapport entre volonté et force, alors que là c'était une question de la fixation de la force comme « instinct ». Quel est donc le rapport chez Nietzsche entre force et volonté ? Il est temps d'analyser comme conclusion à ce chapitre la troisième évaluation, la « volonté de puissance ».

3. La volonté de puissance

Ce concept de réévaluation informe de près la philosophie de Nietzsche. Pour certains, c'est même son concept-clé.[10] Nous l'avons évité jusqu'ici parlant plutôt de l'aventure nietzschéenne en termes énergétiques de forces. Il nous incombe maintenant de voir dans quel sens la volonté de puissance traduit ces termes et dans quel sens elle les simplifie, soutenant par là les dérapages comme celui indiqué plus haut.

Il y a un passage bien connu dans *La Généalogie de la morale* qui montre de manière exemplaire comment le concept de « volonté de puissance » incarne la réponse nietzschéenne à la destruction de la métaphysique. Citons-le dans son ensemble pour situer l'ambivalence fondamentale du concept.

10. Pour reprendre ce que nous avons dit dans l'introduction, le livre posthume de Nietzsche *Der Wille zur Macht* (première édition 1901) fut édité par sa sœur qui basait son regroupement de fragments posthumes sous ce thème à partir d'un plan qu'esquissa Nietzsche en 1885. Nietzsche abandonna ensuite le projet en fin d'août 1888, le remplaçant par un autre (« La conversion de toutes les valeurs ») dont le premier livre est son œuvre *L'Antéchrist*. (Pour plus de détails voir Mazzini Montinaro, *« La volonté de puissance » n'existe pas*, trad. Patricia Farazzi et Michel Valensi, Éditions de l'éclat, 1996.) Dans ce nouveau projet l'importance de la réévaluation « la volonté de puissance » cède à celle de l'éternel retour. Donner, donc, le privilège à ce concept dans l'ensemble de l'œuvre de Nietzsche serait sans doute suspect (et motivé, comme ce fut le cas pour la sœur de Nietzsche qui épousa les mouvements antisémites de son époque) ; cela dit, le rôle que « la volonté de puissance » joue dans sa philosophie est tellement décisif *avant Der Wille zur Macht* qu'il ne peut pas être ignoré pour autant. C'est cette double appréciation de l'importance du terme qui nous le fait situer, après notre exposition de la doctrine de l'éternel retour du même, dans son ambivalence fondamentale.

Lorsque l'on a compris dans tous ses détails l'*utilité* de quelque organe physiologique (ou d'une institution juridique, d'une coutume sociale, d'un usage politique, d'une forme artistique ou d'un culte religieux), il ne s'ensuit pas encore qu'on ait compris quelque chose à son origine (...), de tous temps on a cru trouver dans les causes finales, dans l'utilité d'une chose, d'une forme, d'une institution, la cause de leur apparition ; ainsi l'œil serait fait pour voir, la main pour saisir. Mais le but, l'utilité ne sont jamais que l'*indice* qu'une volonté de puissance a pris le pouvoir sur quelque chose de moins puissant et lui a imprimé, d'elle-même, le sens d'une fonction ; toute l'histoire d'une « chose », d'un organe, d'un usage peut donc être une chaîne ininterrompue d'interprétations et d'applications toujours nouvelles, dont les causes n'ont même pas besoin d'être liées entre elles. (...) Je relève ce point capital de la méthode historique puisqu'il va à l'encontre des instincts dominants (...) qui préféreraient encore s'accommoder (...) à l'absurdité mécanique de tous les événements, plutôt qu'une théorie d'une *volonté de puissance* s'exerçant dans tous les événements. L'aversion pour tout ce qui commande et veut commander, cette idiosyncrasie des démocrates, (...) s'infiltre aujourd'hui dans les sciences les plus exactes (...) il s'est déjà rendu maître de la physiologie et de la théorie de la vie tout entières, en ce sens qu'il leur a escamoté un concept fondamental, celui de l'*activité* proprement dite. Sous la pression de cette idiosyncrasie, on met au premier plan l'« adaptation », c'est-à-dire une activité de second ordre, une simple « réactivité », bien plus, on a défini la vie elle-même comme une adaptation intérieure, toujours plus efficace, à des circonstances extérieures (Herbert Spencer). Mais par là on méconnaît l'essence de la vie, sa *volonté de puissance* ; on ferme les yeux sur la prééminence fondamentale des forces d'un ordre spontané, agressif, conquérant, ré-interprétateur, réorganisateur, transformateur et dont l'« adaptation » n'est que l'effet.[11]

L'argument du début de cette citation nous est bien connu après les deux premiers chapitres. Ce qui est nouveau c'est que Nietzsche ramène le renversement métaphysique de l'ordre du temps et la simplification des processus de vie qui l'accompagne à « une volonté de puissance ». Le champ de forces se trouvant derrière la métaphysique est considéré ici comme une « volonté ». Cette volonté se fait comprendre de deux manières :

— sur un plan, elle constitue l'interprétation ou l'évaluation qui prévaut parmi toutes les forces : elle n'est donc rien d'autre elle-même qu'une force dans un champ de différence de forces, celle qui *organise* les autres du fait qu'elle est plus forte qu'elles. Cette « volonté » est alors précisément une certaine organisation des forces en jeu ; autrement dit, elle est bel et bien ce qu'on a appelé jusqu'ici une « disposition de force ». Chaque fois qu'on parlerait donc de disposition de force, Nietzsche pourrait utiliser le terme « volonté de puissance » dans ce sens. Que Nietzsche appelle cette disposition « volonté » se prête néanmoins à une confusion qui est loin d'être innocente : on en reparlera dans un instant.

— sur un autre plan, elle est le mouvement même de la vie qui fait que la vie est, quel que soit le niveau auquel on s'adresse (de la forme unicellulaire aux institutions humaines les plus complexes comme la justice), *constituée d'évaluations*. C'est-à-dire, la volonté de puissance est aussi une *méta*-évaluation (c'est-à-dire une évaluation de deuxième ordre) selon laquelle tout dans la vie n'est qu'évaluation. Dans ce

11. *La Généalogie de la morale*, deuxième essai, §12, tome 2, pp. 819-820.

sens, loin d'être simplement une certaine organisation des forces, la volonté de puissance constitue une doctrine qui remplace les avatars modernes de la doctrine métaphysique (le mécanisme et la théorie de l'adaptation) par une théorie de *l'activité*.[12] La vie est considérée comme ce qui croît sans cesse, ce qui *surmonte* tout obstacle pour se propager, ce qui accueille en soi des forces étrangères et les domine. Selon cette doctrine, Nietzsche interprète le mouvement de la vie *comme* « volonté » de « puissance ». Cette volonté est située, certes, soit avant la notion de « volonté » subjective soit dans les termes bien plus généraux qu'elle. (La volonté « subjective » n'est qu'un effet historique de la volonté de puissance.)

Alors, dans ces deux manières de comprendre la volonté de puissance, on voit bien comment le concept peut désigner l'objet de ce que nous avons appelé une « énergétique ». Dans un sens comme dans l'autre, elle traduit un champ ouvert de forces actives dont toute stabilisation, toute disposition, constitue une « maîtrise » temporaire des différences en jeu. La volonté de puissance désigne soit cette maîtrise comme « organisation » (c'est le premier sens du

---

12. C'est donc avec le concept de la « volonté de puissance » que Nietzsche, après la trilogie pour esprit libres, taxe de « positivisme » les sciences naturelles de son époque : pour lui ces sciences font attention aux états de fait à l'exclusion d'une analyse des forces qui les composent. L'accusation est à la fois juste en ce qui concerne la philosophie prédominante des sciences naturelles de la deuxième moitié du 19e siècle et injuste en ce qui concerne leur actualité technique aujourd'hui, actualité qui porte ces dernières à analyser des forces à une échelle bien au-delà de celle des concepts dont elles se sont servies au 19e siècle pour expliquer leurs travaux. C'est pourquoi nous avons insisté sur l'importance du versant scientifique de la généalogie nietzschéenne : elle est redevenue très actuelle.

terme), soit la maîtrise comme principe de « domination » (c'est le deuxième sens).

On y voit également, pourtant, comment ces deux
utilisations du terme peuvent déraper vers une philosophie de puissance. Il y a en fait deux glissements
possibles, ramenant le concept à l'intérieur de la pensée métaphysique que *la volonté de puissance* est cen-
sée détruire. Le premier serait un glissement de « la
volonté de puissance » comme théorie générale de la
vie (deuxième sens) à « *une* volonté de puissance »
comme disposition particulière (comme une certaine
unité des pulsions en jeu : premier sens). Le
deuxième serait un glissement de cette dernière notion
de volonté de puissance comme disposition de forces
à la volonté tout court (celle dans le sens classique du
terme que nous avons analysé au premier chapitre).

Or, quand le deuxième glissement a lieu, une disposition de forces (une organisation des forces en jeu)
peut régresser à *une* volonté unique : c'est ce qu'on
a vu plus haut avec la transposition du concept de
« surhomme » en « grande politique » de volonté. Un
tel glissement réduit la multiplicité des forces en jeu
à une seule direction de force.[13] Il explique l'aspect
« volontariste » de la philosophie nietzschéenne.
Quand le glissement a lieu dans les deux cas *à la fois*,
le concept de volonté de puissance comme évaluation
générale de la vie devient une *ontologie* des forces
dont la *source* est la volonté de puissance. Plutôt que
d'être une méta-évaluation que Nietzsche préfère à
d'autres pour penser ce qu'il veut penser, la volonté

13. « Nous prenons le mot "direction" ici dans les deux sens
d'orientation générale (unité de forces) et d'orientation dans le
temps et l'espace. Dans le deuxième sens, l'évaluation de la vie
comme "activité" sous-tend la sous-estimation nietzschéenne du
rôle constitutif des forces de l'histoire (ou mieux, elle comprend
mal la "technicité" essentielle de la vie en tant que telle). »

de puissance devient par là *l'essence* de la vie. (L'œuvre posthume *Der Wille zur Macht* est pleine de fragments qui trahissent ce dernier glissement : le fait que Nietzsche a abandonné son projet est signe qu'il en était conscient...).

Faire dériver toutes les pulsions d'une source unique serait le geste même, à suivre notre Nietzsche du premier chapitre, de la métaphysique. Car elle fait de la volonté de puissance un concept qui se trouve *en dehors du* devenir, principe structurel tout aussi a-temporel que celui de Dieu, de l'âme ou du sujet moderne. La réévaluation selon « la volonté de puissance » s'avérerait être un nouveau concept a priori, à la philosophie kantienne !

C'est donc précisément quand ce concept redevient ontologique que Nietzsche retombe dans les pièges de la métaphysique qu'il s'employait tant, dans la trilogie pour esprits libres, à critiquer et à détruire. Dans sa critique il visait surtout le renversement métaphysique du temps ainsi que la mise en place de la volonté subjective en tête des événements : les deux gestes revenaient en fait au même. En faisant maintenant de la « volonté de puissance » une valeur qui se trouve en dehors du devenir, Nietzsche raccourcit lui-même l'histoire, reconduisant sa multiplicité et sa complexité à une instance *qui n'est pas elle-même historique*. Même si, Nietzsche y insiste à juste titre, la volonté de puissance ne constitue pas une « volonté » dans le sens ordinaire du terme (il n'y a pas de volonté, il n'y a que des forces sur lesquelles une force prévaut, organisatrice des autres), ici, il admet la logique du concept classique de « volonté » *du fait qu'il abstrait le terme du devenir, qu'il le soustrait à l'histoire*. Deux mondes réapparaissent au centre de la destruction nietzschéenne du platonisme et de sa peur vengeresse devant le passage du temps : celui de la volonté de puissance et celui de sa réalisation dans l'histoire. Une telle distinction traduit à son tour une peur nietzschéenne devant la matière de l'histoire.

L'ironie ne peut pas être plus aiguë en ce qui concerne un généalogiste qui entend afficher la provenance historique de nos réflexions et de nos institutions. Cela dit, les glissements (indiqués plus haut) de la volonté de puissance comme disposition à celle d'une volonté unique et/ou à celle d'un principe ontologique s'inscrivent *déjà* dans les analyses nietzschéennes de la culture. En d'autres termes, *les dérapages sont en puissance partout chez Nietzsche*.

Le passage entre la Judée et Rome que nous avons suivi au chapitre précédent est exemplaire à cet égard. On se rappelle que, pour Nietzsche, la Judée l'a emporté sur Rome avec la victoire métaphysico-chrétienne du faible sur le fort, victoire assurée par l'intériorisation des forces qui donne le concept de « sujet » (après celui de l'« âme »). Ailleurs, Nietzsche semble dire que c'est plutôt Rome qui a formé le concept moderne du sujet de droit, spiritualisant le rapport entre le criminel et la société en surmontant l'équivalence matérielle entre dette et châtiment. *Ainsi, à différents endroits de son corpus*, non reliés les uns avec les autres, Nietzsche veut-il que la Judée et Rome à la fois forment le sujet... Contradiction !

Celle-ci vient de ce que Nietzsche analyse l'histoire humaine en termes trop culturels, trop humains même, c'est-à-dire, trop « intentionnels » — *comme si* c'était le peuple juif ou le peuple romain qui *voulait* former le concept de sujet alors que ce concept ressort d'un *complexe* de forces dans lequel le long processus d'humanisation est inscrit, mais qui le dépasse à la fois. On se rappelle sa description de la *stratégie* du faible pour l'emporter sur le fort (scinder l'acte en un sujet et ses prédicats), stratégie marquant, selon lui, le passage entre la « culture romaine » et « celle de la Judée ». En focalisant sur le complexe de forces qui a donné le sujet moderne en termes de forces qui circulent « à l'intérieur » de l'être humain, l'analyse nietzschéenne, au moment où elle veut faire sauter les concepts de « sujet » et de « volonté », risque de « ré-intentionaliser » l'histoire. Suite à cette attention trop humaine aux stratégies de force en jeu, l'histoire devient une scène de théâtre sur laquelle jouent des « types » qui incarnent des *volontés* particulières (le Juif, le Grec, le Romain, le Chrétien). Or, le risque de ré-intentionaliser l'histoire, poussé à l'extrême, aboutit au concept nietzschéen de « grande politique ». L'ontologisation du concept de volonté de puissance marche donc ensemble avec une focalisation exclusive sur des forces *affectives*.

C'est ici, dans ce risque, qu'on voit de nouveau toute l'importance d'analyser la culture humaine en termes de forces qui brassent aussi bien le technique (et donc l'économique et le social) que le « physiologique » et le « psychologique » (en termes nietzschéens). Plus, et mieux, on voit maintenant qu'il importe de remettre force et histoire, force et technique ensemble pour que l'éthique nietzschéenne du temps que ce chapitre a dégagée ait, précisément, la chance de venir pleinement au jour. Autrement dit, l'enjeu d'une articulation des forces se situant derrière la métaphysique en termes d'un *complexe* irréductible de forces n'est pas simplement méthodologique ou épistémologique ; il est dès le début éthique et politique.

La dernière section de ce chapitre a montré à travers le risque d'ontologisation qu'il faut, premièrement, arrêter le concept de volonté à une organisation des forces en jeu. Un tel geste commence à remettre le concept dans le cadre de l'horizon énergétique et temporel des deux autres évaluations, l'éternel retour et le surhomme. Plutôt que de le considérer comme la réduction des différences de force à une source pulsionnelle en dehors de l'histoire, ce geste suit le Nietzsche qui la voit comme un pouvoir organisateur : qui libère les forces *en* les organisant. Ce serait une force, incarnée par le surhomme affirmant l'irrémédiable du temps, qui dispose les autres forces de manière à donner plutôt plus que moins de perspectives, à orienter plutôt plus que moins d'énergie, et à donner plutôt plus que moins de temps. Tissant ensemble les trois réévaluations de cette manière, notre geste les fait apparaître comme forces qui promettent que le temps reste à venir. Suivant le dernier mouvement de cette section, il faut maintenant, et deuxièmement, confirmer que cette éthique n'*est possible en tant que telle* que pour autant qu'elle articule le complexe de forces en jeu comme à la fois extérieur et intérieur à l'« identité » humaine que connote son corps. Or, si c'était l'erreur de Nietzsche plus haut d'avoir réduit ce complexe à la volonté de puissance, sa description généalogique de l'"esprit" et de l'"individu souverain" confirme, pensons-nous, que cette éthique du temps s'inscrit bel et bien dans la prolongation du rapport « entre » l'être humain et son milieu. « C'est pourquoi, pour ce Nietzsche, comme nous l'avons dit dans l'introduction à ce chapitre, plus on est "généalogique", plus on a de chances d'être "éthique" ».

Chapitre 4

Les Fruits de l'Esprit

> En effet, c'est à un estomac
> que l'esprit ressemble le plus.[1]

Nous avons dit, en guise de conclusion au chapitre précédent, que l'éthique nietzschéenne du temps ne peut pas voir le jour sans une véritable *articulation* du complexe des forces en jeu. Nous avons vu dans ce chapitre aussi, surtout dans nos analyses de l'éternel retour et du surhomme, que cette éthique se traduirait comme ce qui rend l'organisme humain *encore plus ouvert aux événements*. Il nous faut montrer maintenant, fût-ce brièvement, que cette ouverture consiste, dès le début, en le *rapport* que l'organisme humain tisse avec son milieu et que *le creusement de cette ouverture*, son expansion, consiste, à son tour, en ceci que ce rapport devient de plus en plus *flexible et indéterminé*.

Ce faisant, nous aurons donc situé la réévaluation

---

1. *Par-delà bien et mal.*

nietzschéenne de la métaphysique dans le prolongement d'un rapport qui caractérise l'évolution de l'organisme vivant humain en tant que telle. Notre
argument confirmera par là qu'une généalogie et une
éthique « par-delà bien et mal » reviennent au même.
Les deux aboutissent à une prise de conscience historique et à une affirmation d'un champ de forces
« technico-énergétiques » : ce champ n'est rien d'autre
que le rapport entre l'organisme et son milieu et son
expansion. Tout se joue, donc, chez Nietzsche — aux
niveaux ontologique, épistémologique et éthique —
dans la « nature » de ce rapport et de ses modifications. Nous avons déjà suggéré au Chapitre Deux que
Nietzsche lui donne le nom d'*esprit*. Rappelons
d'abord ce que Nietzsche entend par ce terme.

1. L'esprit comme rapport entre l'organisme et son milieu

Pour Nietzsche, l'esprit désigne le système nerveux dans son ensemble, s'inscrivant derrière la division métaphysique entre l'esprit et le corps, la
conscience et l'instinct, l'intelligence et l'affect, le
cerveau et l'estomac. Dans ce sens, le terme désigne
le champ de forces auquel la destruction de la métaphysique renvoie ces concepts. Rivalisant par là avec
le concept de « la volonté de puissance » — ils se
trouvent souvent ensemble dans le corpus nietzschéen
— l'esprit se démarque de la manière dont la volonté
de puissance fonctionne du fait qu'*il se définit par
son histoire propre* : c'est-à-dire qu'il n'est rien
d'autre que *l'histoire de sa propre spiritualisation*.
Système nerveux dans son ensemble, l'esprit ne se
constitue qu'à travers l'histoire de son système : il
« est » l'histoire de son évolution, du rapport tissé
entre l'organisme humain et son milieu et des modifi-

cations que ce rapport subit au fil du temps.[2] Ainsi réévalué par Nietzsche, ce terme, dérobé à la pensée métaphysique et plongé dans l'histoire, l'esprit, devient à la fois un *véritable concept généalogique* et *un véritable « vecteur » de réévaluation.*

Ce concept est « ultra-empirique » (au sens précisé plus haut), et rend compte de toute distinction entre le transcendantal et l'empirique, sans pour autant s'abstraire du champ qu'il articule (comme la volonté de puissance) ni s'y réduire (notre esprit nous permet, précisément, de penser à la fois l'esprit et son histoire dont il n'est qu'un effet). Retraçant en amont le fil du temps, l'histoire de l'esprit est au niveau de sa description une « généalogie » et une « énergétique ». Poursuivant en aval le fil du temps, elle constitue au niveau de son devenir même un processus d'« (auto-)spiritualisation ». Compris comme système nerveux, le concept d'« esprit » regroupe donc, chez Nietzsche, 1) le *rapport* entre l'intérieur et l'extérieur, 2) la *méthode* qui dégage l'analyse de ce rapport (la généalogie et l'énergétique), et 3) l'*éthique* qu'un tel dégagement promet (énergie = temps). Traversant ces trois niveaux, l'esprit dans le sens nietzschéen répond par conséquent à ce que nous cherchons à ce stade de notre argument : une évaluation de l'évolution de l'humain en termes qui dépassent la distinction entre l'extérieur et l'intérieur ainsi qu'une éthique qui découle, de manière immanente, de cette évaluation même.

2. Le terme « rapport » est, à nos yeux, le terme mieux approprié pour désigner une ouverture entre l'organisme et le milieu qui, pour autant, *précède* toute distinction entre l'intérieur et l'extérieur ainsi que toute relation « entre » l'intérieur et l'extérieur. Il ne devrait pas être surprenant que nous parlions ici en termes métaphoriques pour désigner un processus qui a donné le langage, mais qui le dépasse complètement...

C'est dans sa description du souverain individu dans le deuxième essai de *La généalogie de la morale* que Nietzsche déploie cette évolution ainsi que la disposition énergétique qui en sort. Nous situons donc sa description dans l'horizon de l'esprit et posons qu'elle devient, de ce fait, un lieu privilégié où la pratique de la finitude, comme affirmation de l'avenir, se résout en termes *inséparablement* affectifs et techniques.

2. La mémoire et la souveraineté

On se rappelle qu'au début de cet essai Nietzsche parle de la distinction entre l'être humain et le reste du monde animal, distinction qui démarque l'évolution du système nerveux humain de celle d'autres vertébrés. Cette distinction se trouve, pour Nietzsche, dans notre capacité à *promettre* qui implique une continuité dans le vouloir, « une véritable mémoire de la volonté »[3]. Résultat de la capacité humaine à articuler le temps et à persister au travers des événements, cette mémoire sous-tend au fil de l'histoire toute institution humaine qui, pour durer comme institution, compte sur la mémoire de la promesse qui l'institue.

Une telle capacité ne vient pas d'un seul coup ; elle prend elle-même forme à travers l'histoire, résultat d'une longue *pratique* sur les énergies qui circulent autour de l'être humain. Dans la préhistoire de l'humanité, selon Nietzsche, cette pratique prend la forme d'une « discipline du corps », par laquelle le corps s'organise lentement, se donne douloureusement, ce que nous appelons, dans le sens ordinaire du terme, esprit. Ce que Nietzsche appelle esprit, c'est *le processus dans son ensemble*, « réinscrivant l'opposi-

---

3. *La Généalogie de la morale*, deuxième essai, §1, tome 2, p. 804.

tion métaphysique entre l'esprit et le corps dans la formation du système nerveux humain. L'esprit désigne un champ de forces technico-énergétiques qui définit la nature du rapport entre l'organisme et son milieu. Car ce qui s'organise est l'énergie du corps (le système nerveux à un stade « primitif »), ce que cette organisation donne est la mémoire (le système nerveux à un stade « civilisé »), et ce qui organise est la mnémotechnique (ce par quoi le système nerveux évolue, son moteur). Citons ici un passage auquel nous avons déjà fait référence :

> Comment à l'homme-animal faire une mémoire ? Comment sur cette intelligence du moment, à la fois obtuse et trouble, sur cette incarnation de l'oubli imprime-t-on quelque chose assez nettement pour que cela demeure présent ? » Ce problème très ancien, comme on peut le penser, n'a pas été résolu par des réponses ni des moyens très doux ; peut-être n'y a-t-il même rien de plus terrible de plus inquiétant dans la préhistoire de l'homme que sa *mnémotechnique*. « On applique une chose avec un fer rouge pour qu'elle reste dans la mémoire : seul ce qui ne cesse de *faire* mal reste dans la mémoire » — c'est là un des principaux axiomes de la plus vieille psychologie qu'il y ait sur la terre. (...) Cela ne se passait jamais sans épanchement de sang, sans martyres et sans sacrifices, quand l'homme jugeait nécessaire de se créer une mémoire. Plus l'humanité a eu « mauvaise mémoire », plus l'aspect de ses coutumes a été épouvantable ; en particulier la dureté des lois pénales permet d'évaluer les difficultés qu'elle a éprouvées pour se rendre victorieuse de l'oubli et pour maintenir présentes à la mémoire de ces esclaves du moment, soumis aux passions et aux désirs, quelques exigences primitives de la vie sociale.[4]

---

4. Id. Deuxième essai, §3, tome 2, p. 806.

On voit qu'il n'y a aucune distinction à faire entre, d'un côté, les forces de la technique et, de l'autre, celles du corps (celles que Nietzsche appelle « physiologiques » ou « psychologiques »). Elles forment, plutôt, *un tout qui donne la mémoire.* La mémoire humaine, source de la civilisation, provient du rapport entre l'organisme et son milieu : organisation singulière d'un complexe de forces qui précède toute distinction entre les énergies de l'intérieur du corps humain et celles qui viennent du dehors. Ce qui est propre à l'humain, sa capacité de promettre, est une pratique technique de forces dont seule une analyse « technico-énergétique » peut rendre compte.

La mémoire marque, donc, pour Nietzsche, un champ de forces qui fonctionne avant toute opposition entre l'intérieur et l'extérieur. — C'est pourquoi nous avons dit au deuxième chapitre que le rapport entre l'extérieur et l'intérieur, à comprendre en termes de mémoire, en termes de répétition et de régularisation, ne s'inscrivait pas simplement *derrière* l'opposition entre la décharge vers l'extérieur de l'homme fort et le processus d'intériorisation de l'homme de ressentiment qui différait la décharge en stockant son énergie à l'intérieur. Elle déplace de fond en comble cette opposition. On peut maintenant confirmer que cette opposition provient d'une analyse exclusivement « culturelle » de Nietzsche que notre description nietzschéenne de la mémoire, comme ensemble affectif *et* technique, comme système nerveux en mouvement, met en cause. Car Nietzsche vient de nous montrer que les énergies qui circulent à l'intérieur et à l'extérieur du corps *découlent du rapport* entre l'humain et le milieu *en quoi consiste sa mémoire.* Les séparer dans une analyse généalogique des forces, qui se trouve en deçà et au-delà de la pensée métaphysique, c'est répéter le geste métaphysique et perdre de vue de quoi l'on parle : l'esprit et la spiritualisation.[5]

Or, suite à cette discipline technique des affects, le rapport de l'être humain à son milieu devient plus flexible ; il devient plus capable de parer aux événements qui lui tombent dessus. Grâce à la formation de sa mémoire, il n'est plus, comme dit Nietzsche plus haut, un « esclave du moment, soumis aux passions et aux désirs ». Sa mémoire *est même* cette flexibilité. La mémoire traduit donc la capacité de l'organisme humain à se détacher de plus en plus du milieu qui l'entoure, prenant distance des aspects du corps qui le rivent au milieu de manière immédiate (ses contraintes biologiques). Dans ce sens, la mémoire constitue le résultat d'une pratique qui diffère la force immédiate des événements qui touchent l'organisme. Pour Nietzsche, tout ce qui est humain (son histoire, ses affects, sa pensée — y compris, même *surtout* la métaphysique — et son avenir) est à comprendre et à articuler en termes de ce différement de la force. Si le fruit tardif de ce long processus de différement est ce que Nietzsche appelle l'« individu souverain », on peut bien comprendre maintenant en quoi sa souveraineté consiste : dans la capacité de se rendre aussi « autonome » que possible du milieu. L'auto-nomie (se donner à soi-même la loi) n'est pas une affaire de volonté dans le sens classique du terme ; avant ce sens elle est une affaire de mémoire (la mémoire constitue la possibilité de toute volonté !), une affaire historique de forces à la fois techniques et affectives :

5. C'est pourquoi, en fin de compte, le terme de « technico-énergétique est une redondance : l'énergétique concerne dès le début le technique. Le terme, très laid d'ailleurs (!), fait partie d'une stratégie de lecture grâce à laquelle, pensons-nous, c'est la couche la plus intéressante du texte nietzschéen qui est mise à jour.

elle n'est donc ni l'objet d'un concept moral ni un déclenchement frénétique d'une bête blonde.

Si l'autonomie constitue, pour Nietzsche, le résultat d'une longue histoire, selon laquelle l'organisme humain prend des distances par rapport à ce qui l'entoure, elle n'est rien de moins que le rapport de plus en plus ouvert, de moins en moins déterminé entre l'organisme et son milieu. L'éthique du temps définie dans ces termes au chapitre précédent, on le voit, *ne peut pas ne pas s'inscrire* dans un complexe de forces dont l'humain émerge, mais dont il fait seulement partie. Car l'ouverture à l'avènement des événements, propre à cette éthique *commence* avec ce rapport : l'humain est toujours déjà une histoire technique et affective qui le porte au delà de toute identité propre. Perdre cette extériorité, comme on l'a vu au dernier chapitre à l'égard de la volonté de puissance, c'est donc perdre aussi l'altérité du temps qui constitue *aussi* l'avenir de l'homme. L'avenir de l'homme est à même ce rapport qui l'expose, à la fois, et toujours, à ce qui est autre que lui-même. C'est pourquoi le fascisme, fermeture du rapport à l'autre dans sa décharge pulsionnelle non-historique, aura toujours courte durée, sera toujours suicidaire, mais sera, pour cette raison même, toujours à combattre au nom de l'à-venir de l'avenir, au nom de notre enfance et de l'enfance que nous donnons, au nom de l'étranger que nous « hébergeons » *avant* nous dans notre for intérieur. Et c'est pourquoi le souverain individu est aussi bien une manière de surmonter les ambiguïtés du dernier chapitre que celles du deuxième. Car *c'est cette souveraineté qui représente la véritable réévaluation nietzschéenne des valeurs de la démocratie moderne, leur « auto-abolition » dans le temps et pour le temps.* Cette souveraineté, c'est la spiritualisation du système nerveux.

3. Promesse et digestion

Afin de retracer dans ce contexte la disposition éner-gétique de l'individu souverain, citons de nouveau la description nietzschéenne de sa capacité à promettre :

> Cet homme affranchi qui *peut* vraiment promettre (...) quelle supériorité lui est assurée sur tout ce qui ne peut pas promettre et répondre de soi (...) avec ce pouvoir sur lui-même, le pouvoir sur les circons-tances, sur la nature et sur toutes les créatures de volonté plus bornée et moins dignes de confiance (...). L'homme « libre », le détenteur d'une durable et indomptable volonté, trouve dans cette possession son *étalon de valeur* : ne se référant qu'à lui-même pour regarder les autres, il vénère ou méprise (...) honorant fatalement (...) ceux auxquels on peut se fier (ceux qui peuvent promettre), — donc chacun de ceux qui promettent en souverain, difficilement, rarement, sans hâte, de ceux qui sont avares de leur confiance (...) qui donnent leur parole comme quelque chose sur quoi on peut tabler, puisqu'il se sent assez fort pour pouvoir la tenir en dépit de tout, même des accidents, même de la « destinée » (...). La fière connaissance du privilège extraordinaire de la responsabilité, la conscience de cette rare liberté, de cette puissance sur lui-même et sur le destin, a pénétré chez lui jusqu'aux profondeurs les plus intimes, pour passer à l'état d'instinct, d'instinct dominant (...) il l'appelle sa *conscience*.[6]

La capacité à promettre de l'individu souverain constitue une prolongation du premier rapport ouvert entre l'organisme humain et le milieu. Il est, dans ce sens, l'incorporation explicite de forces techniques et affectives suite à une longue pratique auto-disciplinaire

6. *La Généalogie de la morale*, deuxième essai, §2, tome 2, p. 805.

qui est elle-même aussi bien technique qu'affective. Si, autrement dit, ces forces forment dès le début le propre de la mémoire humaine, l'individu souverain a si bien incorporé, voire digéré le rapport entre ces forces qu'il *pratique le rapport en tant que tel*. Cette « pratique », la couleur de son caractère, son *ethos* en grec, n'est rien d'autre que sa « disposition énergétique », elle constitue sa « volonté » dans le sens spécifique de *la communauté de forces* qu'il *incarne*.

Cette communauté s'exprime énergétiquement selon deux modalités. Première modalité : à l'encontre du faible qui est à la merci des événements, l'individu souverain résiste aux stimulations externes, il diffère leur force. C'est pour cela qu'il *peut* promettre. Cette résistance n'est possible que grâce à un épaississement de l'intérieur, découlant lui-même d'une certaine organisation des forces internes. Si, comme on l'a vu, cette organisation est en partie technique, on voit que l'organisme ne résiste à certaines forces de l'extérieur qu'*en en utilisant d'autres* (la résistance à l'extérieur est toujours en termes d'un rapport antérieur entre l'intérieur et l'extérieur : la souveraineté est l'accumulation de ces rapports — la digestion spirituelle). La capacité de promettre provient du rapport entre l'organisme et son milieu. Cette capacité de nouveau incorporée, digérée et incarnée par l'organisme au stade de sa « souveraineté » pratique ce rapport *à l'intérieur de lui-même*.

La manière de promettre de l'individu souverain implique, donc, non l'exclusion du rapport à l'autre (sa castration volontariste) mais sa *digestion*. Cette digestion constitue la relève (dans le sens hégélien : négation, conservation et transformation des termes en jeu) de l'intérieur et de l'extérieur. Elle est la conscience (dans le sens d'être conscient) devenue instinct, reprise dans les muscles du corps. Le souverain individu est, par conséquent, une disposition énergétique qui pratique dans les deux sens le rapport entre le technique et l'affect qui institue le système nerveux humain. Il diffère les événements externes de manière à rendre son rapport au milieu de plus en plus flexible non pas simplement parce qu'il est le fruit de la mnémotechnique, mais aussi parce que, comme fruit de cette technique, il réincorpore cette technique *dans* son corps *comme* instinct. Une telle réincorporation s'appelle, chez Nietzsche, la responsabilité ou la conscience (dans le sens moral).

Ici l'individu souverain relève les traits temporels de l'homme de ressentiment et ceux du fort guerrier (le trop de mémoire et l'oubli). Pratiquant de manière instinctive le rapport entre l'intérieur et l'extérieur, l'individu souverain a tant digéré le passé cruel de la mémorisation qu'il peut répondre aux événements de manière à les renvoyer à leur devenir, il peut *oublier*. La répétition du rapport devient ainsi, dans son expansion, l'invention du nouveau. L'oubli nietzschéen, l'affirmation de l'innocence du devenir, le « oui » à l'avenir ne peuvent se faire comprendre, par conséquent, que dans un lent processus historique de mémorisation qui dépasse, sur le plan technico-énergétique, toute opposition entre l'actif et le réactif. Autrement dit, la description ici de l'individu souverain tisse ensemble temps, énergie et histoire.

Deuxième modalité : plus on est épais, plus, donc, cette résistance à l'extérieur *devient un nouveau rapport entre l'extérieur et l'intérieur*. L'individu incorpore les événements de l'extérieur de telle manière que non seulement il peut se relancer dans son propre devenir, mais en s'y relançant, il *relance les événements qui l'ont touché dans leur propre devenir*. La résistance est devenue création pour soi-même *et* pour l'autre. Incorporant l'autre de manière à faire sienne *sa* force, l'individu souverain *se donne le temps* : mais en se donnant le temps, *il donne le temps à l'autre* aussi, il relance la force à l'autre. Plus donc la communauté des forces s'organise à l'intérieur de l'individu pour augmenter ses forces, plus il y a de chances qu'une communauté, d'autant plus expansive et flexible, se forme autour de lui. Plus l'organisme humain incorpore son milieu « dans ses muscles », plus il transforme de manière créatrice ce milieu. Cette deuxième modalité de la disposition énergétique de l'individu souverain, suite nécessaire à la première, se confirme dans la description de l'auto-abolition de la justice dont nous avons déjà fait mention plusieurs fois. Citons de nouveau le paragraphe étant donné sa très grande pertinence ici.

> Si la puissance et la conscience individuelle d'une communauté s'accroissent, le droit pénal toujours s'adoucira ; dès qu'un affaiblissement ou un danger profond se manifestent, aussitôt les formes plus rigoureuses de la pénalité reparaissent. Le « créancier » s'est toujours humanisé dans la même proportion qu'il s'est enrichi ; en fin de compte, on *mesure* même sa richesse au nombre des préjudices qu'il peut supporter sans en souffrir. Il n'est pas impossible de concevoir une société ayant *conscience de sa puissance* [*Machtbewusstssein*] au point de se payer le luxe suprême de laisser *impuni* celui qui l'a lésée. « Que m'importent en somme mes parasites ? pourrait-elle se dire alors. Qu'ils vivent et qu'ils prospèrent ; je suis assez forte pour ne pas m'inquiéter d'eux ! »... La justice qui a commencé par dire : « tout peut être racheté, tout doit être racheté », est une justice qui finit par fermer les yeux et laisser courir celui qui est insolvable, — elle finit, comme toute chose excellente en ce monde, par *s'abolir elle-même*. Cette auto-abolition s'appelle la grâce, elle demeure le privilège du plus puissant (...) son « par-delà le droit ».[7]

---

7. Id. Deuxième essai, §10, tome 2, p. 816.

On se rappelle que, pour Nietzsche, l'origine de la culpabilité se trouve dans la dette que doit le débiteur à son créancier. L'équivalence entre marchandises se répète ensuite à un niveau plus spirituel entre le crime et son châtiment, puis entre leur non-équivalence établie par le décret des douze tables de Rome. La justice, telle que l'entend ce passage, constitue une spiritualisation encore plus avancée du décret romain. Ce qu'on peut ajouter maintenant, c'est que la communauté que cette spiritualisation donne n'est, dans un sens généalogique et technico-énergétique, que *le prolongement du rapport initial entre l'organisme humain et son milieu*. La justice découle de la technique.

Pour reprendre l'argument invoqué plus haut, cette justice qui refuse d'agir immédiatement, à l'encontre de l'esprit de vengeance collé à la répétition du passé, n'est que l'expansion collective de l'individu souverain. La communauté de forces qui constitue l'autonomie individuelle et la communauté collective qui se lance dans l'avenir, sans être affectée des événements qui touchent son être, sont une prolongation l'une de l'autre. C'est pourquoi, selon ce paragraphe, la réévaluation du surhomme doit constituer *une valeur qui vise la communauté*. Du fait que la prolongation du rapport entre l'organisme humain et son milieu constitue une histoire technique ; que cette histoire technique permet à cet organisme de maîtriser ses affects et par là de s'ouvrir aux événements sans être affecté — le surhomme est un avenir collectif en raison de ses forces techniques et affectives. L'éthique du temps nietzschéen est une éthique technico-énergétique.

Nous sommes presque à la fin de notre interprétation. Reste une dernière remarque. Nietzsche dit plus haut, comme il l'a suggéré pour toutes ses réévaluations, que cette spiritualisation de la justice est son

auto-abolition. Au moment où la justice comme droit
formel est surmontée (ou chaque crime a son châtiment dans le retour éternel du passé), elle devient la
grâce. C'est « le privilège du plus puissant » —
l'homme qui a pris une si grande distance à l'égard
de l'aspect immédiat de son monde qu'il peut, précisément, s'y retrouver pour l'*aimer* sans en souffrir.
Dans cette capacité d'aimer sans souffrir, l'homme de
la justice spirituelle offre à l'autre un véritable don
d'amour, le don du temps.

Nous avons vu au premier et au deuxième chapitre
que le christianisme représentait pour Nietzsche le
destin du nihilisme métaphysique. C'était un « non »
à la vie qui déguisait, sous forme de spiritualité
vigoureusement non-corporelle, ses forces. Aussi
intense que le fort guerrier, le prêtre qui préparait
la culture chrétienne ramenait toutes ses énergies à
l'intérieur de lui-même et créait par là, selon
Nietzsche, l'intériorité de l'âme. Notre analyse technico-énergétique de la promesse, de celui qui l'incarne et de la communauté qu'il donne vient de nous
amener à une valeur qui, pour certains, représente
celle-là même à quoi Nietzsche s'oppose.

L'analyse confirme par conséquent que cette
opposition nietzschéenne est elle-même relevée par le
mouvement de l'esprit que Nietzsche décrit. L'amour
du « plus puissant », la grâce de notre exemple plus
haut, *ne sont pas pour autant ceux du christianisme.*
L'amour chrétien, pour Nietzsche, se base sur l'affect
de *pitié.* On se rappelle (cf. premier chapitre) que la
pitié serait moins le contraire de l'égoïsme qu'une
forme cachée, inconsciente de la fuite devant soi-
même, qu'il n'y aurait donc pour Nietzsche rien de
plus faible, de plus égoïste que la pitié. La pitié est
précisément l'incapacité de prendre une distance
généreuse envers autrui, le signe d'une défense nar-
cissique contre les événements du dehors qui se

couvre sous le concept d'altruisme. C'est pourquoi, pour Nietzsche, ce n'est qu'en aimant soi-même qu'on peut aimer autrui. Un égoïste véritable est un véritable altruiste. C'est le cas du plus puissant dans notre citation plus haut. Tout cela pour dire que ce qui *devrait être visé* sous le mot chrétien d'« amour » (la générosité, l'enfance, le don du temps) *ne se trouve que dans sa réévaluation nietzschéenne*. La destruction de la métaphysique accomplit ainsi, dans leur sens énergétique, ses valeurs.

Il ne devrait pas nous étonner, dans ce contexte que le dernier texte que Nietzsche écrivit avant sa folie s'appelle L'*Antéchrist*, et qu'il ait mis, comme premier livre du projet, « La conversion de toutes les valeurs » à la place de « La volonté de puissance » : ce texte n'est au fond qu'une réévaluation (dans le sens mentionné de spiritualisation) du christianisme. La folie de Nietzsche est peut-être signe, entre autres choses, tout comme son ambivalence à l'égard de la force en témoigne à chaque étape de ce livre, de son incapacité à digérer lui-même l'esprit qu'il nous a donné.

Conclusion

Humain, trop humain. Un Livre pour esprits libres
est, on se le rappelle, le texte de Nietzsche qui entame
l'articulation généalogique des forces de la vie, articulation élaborée en termes « scientifiques » et « historiques ». Ce texte a constitué notre point de départ.
Depuis, nous avons traduit ces deux versants de la
généalogie en termes énergétiques et techniques, et
nous avons montré qu'elle débouche sur une disposition énergétique qui elle-même traduit en termes
« ultra-moraux », à travers l'histoire, les forces décou-
vertes. Or, il existe un passage dans la première partie
de l'*Humain, trop humain* qui déjà donne le ton ascétique à tout ce que nous venons d'exposer. Citons-le
pour conclure.

> *Une illusion dans la théorie de la révolution.* — Il
> est des rêveurs politiques et sociaux qui dépensent
> du feu et de l'éloquence à réclamer un bouleverse-
> ment de tous les ordres, dans la croyance qu'aussi-
> tôt le plus superbe temple d'une belle humanité
> s'élèverait, pour ainsi dire, de lui-même. Dans ces
> rêves dangereux persiste un écho de la superstition
> de Rousseau, qui croit à la bonté de l'humaine
> nature, une bonté merveilleuse, originelle, mais pour

ainsi dire *ensevelie*, et qui met au compte des institutions de la civilisation, dans la société, l'État, l'éducation, toute la responsabilité de cet ensevelissement. Malheureusement, on sait par des expériences historiques que tout bouleversement de ce genre ressuscite à nouveau les énergies les plus sauvages, les horreurs et les excès des âges reculés : que par conséquent un bouleversement peut bien être une source de force dans une humanité exténuée, mais ne peut jamais servir d'ordonnateur, d'architecte, d'artiste, de perfecteur de la nature humaine. — Ce n'est pas la nature de *Voltaire*, avec sa modération, son penchant à arranger, à purifier, à modifier, mais les folies et les demi-mensonges passionnés de *Rousseau* qui ont éveillé l'esprit optimiste de la Révolution, contre lequel je m'écrie : « Écrasez l'infâme ! » Par lui l'*esprit des Lumières et de l'évolution progressive* a été banni pour longtemps : voyons — chacun à part soi — s'il est possible de le rappeler ![1]

1. *Humain, trop humain*, livre 1, §463, tome 1, p. 644.

Bibliographie

(biographies, textes critiques)

Andreas-Salomé, L., *Friedrich Nietzsche à travers ses œuvres*, Grasset, 1992.

Halevy, D., *La vie de Friedrich Nietzsche*, Calmann-Lévy, s.d.

Collectif, *Nietzsche aujourd'hui ?*, Actes du Colloque de Cerisy (juillet 1972), Union Générale d'Editions, 1973.

Collectif, *Pourquoi nous ne sommes pas nietzschéens*, Grasset, 1991.

Deleuze, G., *Nietzsche et la philosophie*, PUF, 1962.

Heidegger, M., « Le mot de Nietzsche "Dieu est mort" » in *Chemins qui ne mènent nulle part*, trad. W. Brokmeister, Gallimard, 1962.

Klossowski, S., *Nietzsche et le cercle vicieux*, Mercure de France, 1969.

Lenain, T., *Pour une critique de la raison ludique : essai sur la problématique nietzschéenne*, Vrin, 1993.

Montinaro, M., *« La volonté de puissance » n'existe pas*, trad. P. Farazzi et M. Valensi, Editions de l'éclat, 1996.

Table des matières

Ce volume
le deuxième
de la collection « Figures du savoir »,
publié aux Éditions Les Belles Lettres,
a été achevé d'imprimer
en avril 1997
dans les ateliers
*de **Bussière Camedan Imprimeries**,*
18203 Saint-Amand-Montrond.

Dépôt légal : avril 1997.
N° d'édition : 3419. N° d'impression : 1/914.
Imprimé en France